카네기 리더십

어떻게 **친구**를 얻고
사람을 **변화시킬** 수
있을까

와일드북

와일드북은 한국평생교육원의 출판 브랜드입니다.

카네기 리더십
어떻게 친구를 얻고 사람을 변화시킬 수 있을까

초판 1쇄 인쇄 · 2018년 8월 16일
초판 1쇄 발행 · 2018년 8월 21일

지은이 · 데일 카네기
편　역 · 유광선
발행인 · 유광선
발행처 · 한국평생교육원
편　집 · 장운갑
디자인 · 이종헌

주　소 · (대전) 대전광역시 유성구 도안대로589번길 13 2층
　　　　　(서울) 서울시 서초구 반포대로 14길 30(센츄리 1차오피스텔 1107호)
전　화 · (대전) 042-533-9333 / (서울) 02-597-2228
팩　스 · (대전) 0505-403-3331 / (서울) 02-597-2229

등록번호 · 제2015-30호
이메일 · klec2228@gmail.com

ISBN 979-11-88393-07-7 (13190)
책값은 책표지 뒤에 있습니다.
잘못되거나 파본된 책은 구입하신 서점에서 교환해 드립니다.

이 도서의 국립중앙도서관 출판예정도서목록(CIP)은 서지정보유통지원시스템 홈페이지
(http://seoji.nl.go.kr)와 국가자료공동목록시스템(http://www.nl.go.kr/kolisnet)에서 이
용하실 수 있습니다.(CIP제어번호: CIP2018023476)

카네기 리더십

어떻게 친구를 얻고 사람을 변화시킬 수 있을까

데일 카네기 지음 | 유광선 편역

와일드북

필자는 이 책을 쓰기 위해 신문, 잡지, 재판기록 등의 많은 자료와 심리학, 철학 그 밖에 인간관계 서적을 일 년 반 동안이나 수집했다. 그리고 각계각층의 명사를 만나 직접 그 대화를 채록하기도 했다.

그리고 나는 오랫동안 '사람을 움직이는 법'에 대한 강연회를 개최해 왔다. 미국뿐만 아니라 유럽 곳곳의 도시로 출장을 다녔고, 전기나 전화회사 등의 초청을 받아 사원들의 연수교육을 맡았다. 처음 강연회를 시작할 무렵, 강의에 필요한 교재를 찾았지만 쓸 만한 책을 구할 수 없었기에 내가 직접 교재를 만들겠다고 결심했다.

이렇게 마련한 자료를 기초로 해 나는 "친구를 얻고 사람을 움직이는 법"이라는 짤막한 강연 초고를 준비했다.

나는 그것을 "짤막한" 것이라고 불렀다. 그것은 처음에는 짤막한 것이었지만 지금은 한 시간 30분이나 걸리는 꽤 알찬 내용의 강연거리가 되었다.

지난 수년 동안 계절이 바뀔 때마다 뉴욕에서 열리는 카네기 연구소 강연회에서 성인 남녀들에게 이 강연을 들려주었다.

나는 강연이 끝난 다음 수강생들에게 나가서 직접 사연이나 사교적인 접촉에서 들은 바를 시험해보고 다시 강의실로 들어와 그들이 겪은바 경험 또는 성과를 얘기해 보도록 했다.

그것은 꽤 재미있는 숙제거리였다.

자기 발전을 갈망하는 이들 남녀는 이 새로운 실험실 — 이 세상에서 최초이며 유일한 인간관계 실험실 — 에서 배운다는 생각에 크게 매혹당하고 말았다.

이 책은 일상적인 의미에서 말하면 "저술"되었다고 말할 수 없다. 이 책은 어린아이와 마찬가지로 성장하였으며 실험실과 수천 명의 경험 속에서 자라고 발전되어 15년에 걸친 실험과 연구의 결정으로 나오게 된 것이다. 이 책 속에 게시된 원칙은 단순한 이론이나 추측의 산물이 아니다. 이들 원칙은 신통할 만큼 잘 들어맞는다. 사실같이 들리지 않을지 모르겠지만, 그 원칙을 적용함으로써 여러 사람의 생활에 혁명을 가져오는 것을 나는 목격했다.

사회는 여러 사람들이 어우러져 사는 공동체적인 삶의 터전이다. 그러므로 인간관계의 중요성을 인정하지 않을 수 없다. 이토록 중요한 것을 학교에서는 가르쳐주지 않는다.

이로 인해 사회 초년생 또는 기성세대들이라 하더라도 사회에서 실패와 좌절을 겪는다. 단지 많은 사람 중 몇 명만이 인간관계를 조정하는 원리를 일깨울 뿐, 대부분의 사람들은 평생 그 비결을 알지 못한 채 생을 마친다.

나는 요즘같이 눈부시게 진보하는 현대 사회에서 인간관계를 조정하는 원리를 찾았고 아울러 풍부한 경험과 실례를 들어 알기 쉽게 그 원리를 설명하고자 했다.

인류 역사를 살펴보면, 동서고금 현자들의 대부분의 가르침이 바로 인간관계를 조정하는 방법들이다. 그러므로 내가 설명하고 있는 원리는 새롭거나 심오한 것이 아니라 오히려 진부해 보일지도 모른다. 그렇지만 당장 내일부터라도 실천할 수 있는 구체적인 실용성, 현자들의 옛 진리를 현대에 알맞게 구성한 생활법 등 그 효용에 있어서만큼은 실로 귀중한 가치를 지니는 것이라고 확신한다.

어쨌든 나는 오랫동안 전해 내려온 심오한 사상을 설명하는 것이 아니라, 다만 현대 사회를 살아가는 우리에게 꼭 필요한 생활 테크닉을 전하고 싶을 따름이다.

데일 카네기

제 **1** 장

자기 자신이
되어야 한다

자기 자신을 발견하고 자기 자신이 되어야 한다. 그리고 일에 흥미를 가져야 한다.
아니면 번민에서도 해방되게 마련이니, 결국은 승진은 물론 급료도 오르게 되는 것이다.

⒈ 나를 아는 자신이 되어야 한다

나는 얼마 전 알레트 부인한테서 편지 한 통을 받았다. 그 사연은 다음과 같다.

저는 어렸을 때 지나치게 감정이 예민하고 수줍기 짝이 없었습니다. 저의 몸이 너무 뚱뚱한데다가 양쪽 볼이 축 처져서 실제보다 몸이 더 비대한 것처럼 보였습니다. 저의 어머니는 옛날식이어서 고운 의상이 필요 없다고 생각하였으며, 언제나 '크고 넉넉한 옷은 입을 수 있어도 작은 옷은 찢어진다.'는 말을 하고 제 옷도 그러한 식으로 만들어 주셨습니다. 저는 절대로 어떠한 파티에도 참여하지 않았고 운동 경기 같은 데도 참가하지 않았습니다. 저의 부끄러움은 거의 병적이었으며 저는 다른 모든 사람보다 '모자라는 사람'이라고 자처하는 가운데 전혀 소용없는 인간이라고까지 생각했습니다.

제가 장성하자 저는 저보다 나이가 많은 어떤 남자와 결혼했습니다. 그러나 저에게는 아무런 변화가 오지 않았습니다. 저의 시집식구들은 퍽 점잖고 자신에 찬 사람들이었습니다. 모든 점에 있어서 아무것도 나무랄 데 없는 사람들이었습니다만 저는 도무지 거기에 끼지를 못했습니다. 저는 그들과 친해지려 하였으나 그렇게 되지를 않았습니다. 그들이 저를 자기편으로 끌어들이려 하면 할수록 저는 점점 그들과 멀어지게 되었습니다. 저는 신경질이 되고 역정이 나기 시작했습니다. 저는 모든 친구를 피했습니다. 그리하여 문밖의 초인종이 울리는 것도 무서울 지경이었습니다. 저는 완전히 낙오자가 되었습니다. 제 자신도 그것을 알았으며 저의 남편이 그것을 알까 봐 두려웠습니다. 그리하여 혹 공석에 나가는 때는 일부러 번드레한 차림을 하고 재롱스러운 행동도 해보았습니다. 그러나 그러한 행동을 의식적으로 취한 후에는 마음이 도리어 전보다 더 불쾌해졌습니다. 그러다가 나중에는 세상에 사는 의의조차 잃어버리게 되어 자살까지 생각해 보았습니다.

그렇다면 무엇이 이 불행한 여자의 생활을 고쳐 주었을까? 우연한 기회에 그가 들은 한마디의 말이었다.

알레트 부인의 편지는 계속된다.

우연한 기회에 들은 한마디의 말이 제 생활을 근본적으로 고쳐 주었습니다. 어느 날 저의 시어머니는 어떻게 자신이 자녀를 길러냈는지를 말씀하시다가 '어떠한 일이 있든지 간에 나는 언제나 자식들에게 자기 자신이 되기를 권하였노라.'고 말씀하셨습니다……. '자기 자신이 되자!' 바로 이 말이었습니다. 그 자리에서 제 머리에 문득 떠오른 것은 저의 모든 불행이 저에게 맞지 않는 틀에 제 자신을 억지로 맞추려고 하는 데 있다는 것을 깨달았습니다.

저는 하룻밤 사이에 마음을 고쳐먹고 제가 제 자신이 되기를 결심했습니다. 저는 제 자신의 개성을 연구하려고 했습니다. '저의 생긴 그대로'를 찾아보려고 했습니다. 저는 저의 장점을 발견하는 동시에 제 의사의 빛깔과 모양을 될 수 있는 데까지 잘 연구해 저의 몸에 맞게 만들었습니다. 나아가 저는 친구도 사귀고 사회단체에도 가입했습니다. 처음에는 조그마한 모임에 참가하였으나 나중에는 그들이 저를 연사로 선택하게까지 되었습니다. 저는 처음에는 두려움에 떨었으나 한 번 두 번 해나가는 동안에 용기를 얻었습니다. 물론 오랜 세월에 이루어진 것이었지만 지금 와 생각하니 전에는 꿈에도 생각해 보지 못할 만큼 행복해졌습니다. 저는 지금 저의 자녀를 기르는 데 있어서도 제가 그와 같은 쓰라린 경험에서 얻은 교훈을 항상 그들에게 가르치고 있습니다.

즉 '어떠한 일이 있더라도 언제나 자기 자신이 되어라!'

이처럼 자기 자신이어야 한다는 문제는, "역사와 같이 오래되었고 인간 생활과 같이 보편적인 것"이라고 제임스 길키 박사는 말하고 있다.

자기 자신이 되기를 싫어한다는 문제는 모든 신경증과 정신이상, 강박관념의 원동력이 되고 있다.

안젤로 페트리는 아동 교육 문제에 관해 열세 종류의 책을 쓰고 수천 편의 신문사설을 쓴 사람이었는데, 그는 '누구보다도 제일 비참한 인간은 자기의 몸과 마음속에 있는 자기 자신이 되려고 하지 않고 그와 다른 사람이나 그와 다른 그 무엇이 되기를 원하는 사람이다.'라고 말했다.

당신은 이 세상에서 새로운 그 무엇이다. 당신은 그것을 기뻐하고 조물주가 당신에게 부여한 그것을 가장 적절하고 유효하게 이용해야 한다. 결국에 있어서 모든 예술은 '자서전'으로 이루어진 것이다.

당신은 오직 그대로를 노래하고 그대로를 그릴 수 있을 뿐이다. 당신은 당신의 경험과 환경, 그리고 당신이 유전이 만들어 놓은 당신이 되지 않으면 안 된다.

좋거나 나쁘거나 당신은 당신 자신의 조그마한 정원을 가꾸어야 할 것이며, 좋든 싫든 당신은 인생이라는 오케스트라에서 당신 자신의 작은 악기를 연주해야 할 것이다.

에머슨은 '자립'이라는 그의 평론에서 이렇게 말하고 있다.

"모든 사람의 교육에 있어서 반드시 다음과 같은 신념에 도달하는 때가 있다. 즉 질투는 무지의 소치이며, 모방은 자살 행위이다. 그러므로 좋든 싫든 자기 자리에 자기 자신을 앉혀야 한다는 것과 아무리 넓은 우주 사이에 좋은 것이 가득 차 있더라도 자기에게 살라고 내어 준 땅 위에 자기의 노력을 제공하지 않고서는 기름진 곡식 한 톨도 자기에게 돌아오지 않는다는 신념이다. 자기에게 부여된 힘은 자연에 있어서 전혀 새로운 것이다. 따라서 자기가 할 수 있는 것을 아는 사람은 자기 자신 이 외에 아무도 없는 것이다. 또한 자기가 실제로 해보기 전에는 그것이 무엇인가를 알 수 없는 것이다."

이것이 에머슨의 말이다. 시인 더글러스는 이렇게 표현했다.

언덕 위에 소나무가 되지 못하거든
산골짜기의 차디찬 나무가 되어라, 그러나
시냇가의 키 작은 아름다운 나무가 되어라.
나무가 되지 못하거든, 덩굴이 되어라.
당신 만일 덩굴이 될 수 없거들랑
한 줌 작은 풀이 되어 큰 길을 아름답게 할지어다.
송어가 못 되거든 농어가 되어라
호수에서 펄펄 뛰는 농어가 되어라.

모두가 선장이 못 되거든
선원이 되어라.
당신들은 이곳에서 제각기 할 일이 있나니
어떤 것은 큰일이요, 어떤 것은 작은 일이로되
당신들이 해야 할 과업은 가까운 곳에 있느니라.

큰 길이 되지 못하거든 작은 길이 되어라.

태양이 못 되거든 별이 되려무나.

당신의 성공과 실패는 크고 작은 데 있는 것이 아니니

당신의 생긴 대로 최선을 다해야 한다!

피로와 번민을 없애는 방법

제1법칙 – 필요한 서류 말고는 모두 책상에서 치우자

시카고의 북서방 철도회사 사장인 월리엄은 이렇게 말하고 있다.

"여러 가지 서류를 책상 위에 산같이 쌓아 두고 있는 사람이 있지만, 지금 곧 필요로 하지 않는 물건을 전부 치워 버리면, 좀 더 용이하고 정확하게 일들이 처리된다는 것을 알게 되리라. 나는 이것을 '필요한 정치'라 부르고 있다. 이것이야말로 능률을 올리는 제일보이다."

워싱턴의 국회 도서관에는 같은 말이 있다.

"질서는 하늘의 제1의 법칙이다."

질서는 만사의 제1의 법칙인 것이다. 그러나 대개의 비즈니스맨의 책상에 몇 주간이나 보지 않았으리라 생각되는 서류로 가득 차 있다.

사실 뉴올리언스의 어느 신문사의 발행인이 나에게 얘기한 것인데 비서가 그의 책상 하나를 치웠더니, 2년 전에 분실한 타이프라이터가 나왔다고 했다.

회신을 하지 않은 편지나 보고서, 메모로 널려져 있는 책상은 보기만 해도 혼란하고, 긴장하고, 번민이 생길 것이 분명하다. 그 이상으로 또 좋지 않은 일이 있다. 그것은 예의, '하지 않으면 안 되는 많은 일을, 그것을 할 시간이 없기 때문에'라는 것이다.

이것은 사람을 긴장과 피로에 쫓기게 되는 것뿐만 아니라, 고혈압과 심장병, 위암을 발생케 하는 것이다.

펜실베이니아 대학교수인 존 H. 스토크 박사는 미국 의학협회에 '환자의 정신 상태에 대한 고찰'이란 11개의 조건을 내놓고 있다. 그제1의 항목은 다음과 같다.

'해서는 안 된다 하는 관념 혹은 의무감, 하지 않으면 안 되는 일을 택하는 것을 모르는 긴장감'

그러나 책상을 정돈하고 결단을 내릴 수 있는 기본적인 방법으로, 하지 않으면 안 되는 일을 택하지 못하는 긴장들을 방지할 수가 있는 것일까?

유명한 정신병 학자인 윌리엄 바트라 박사는 이 간단한 공부를 하는데 있어서 신경쇠약을 방지한 환자의 얘기를 들려주었다.

그 남자는 시카고의 대회사의 중력이었는데, 바트라 박사의 사무실에 찾아왔을 때에는 번민에 싸이고 항상 긴장하고 있었는데, 마치 정신병자 직전이었다.

그러므로 만사를 멀리 하지 않으면 안 되었다. 그래서 의사의 조력을 구하기 위한 것이었다.

바트라 박사는 이렇게 말하고 있다.

"이 남자와 면담하고 있을 때, 전화벨이 울렸다. 그것은 병원에서 온 것이다. 나는 평상시대로 그 용건을 즉석에서 처리했다. 그것이 내 방침이었던 것이다. 그것이 끝나자 곧이어 또 전화가 걸려왔다. 긴급을 요하는 문제였기 때문에 잠깐 얘기를 계속했다. 세 번째의 방해자는 내 동료의 방문이었다. 중환자의 조치에 있어서 내 의견을 듣고자 찾아온 것이다. 그 용건이 끝나자 나는 손님 쪽을 향하고 오랫동안 기다리게 한 것을 사과했다. 그런데 그는 아주 밝은 얼굴을 하고 있었다."

"아닙니다. 별말씀을 다 하십니다, 선생님."

이 남자는 바트라에게 말했다.

"이 10분간에, 저는 제 자신의 잘못을 알 것 같은 기분입니다. 저는 사무실로 돌아가서, 모든 습관을 고쳐야겠습니다. 그전에 선생님, 실례지만 선생님의 책상을 보여 주셨으면 감사하겠습니다."

바트라 박사는 책상을 보여 주었다. 책상은 깨끗했다. 책상 위에도 서랍에도 서류라든가 메모 같은 것은 있지 않았다.

"아직 처리하지 못한 일은 어디에 두십니까?"

손님은 물었다.

"모두 처리했습니다."

바트라 박사는 대답했다.

"회신하지 않은 편지 같은 것은?"

"한 통도 없습니다. 나는 편지를 받는 즉시 회신을 해주고 있습니다."

6주일 후에 회사 중역은 바트라 박사를 자신의 사무실로 초대했다. 그는 완전히 변화되어 있었다. 그리고 그의 책상도 변화되어 있었다. 그는 책상 서랍을 열어서 보여 주었다. 그 안에는 아직 처리하지 않은 일거리는 아무것도 없었다. 그리고 중역은 말했다.

"6주일 전만 해도, 저는 2개의 사무실에 3개의 책상을 가지고 있었습니다. 책상은 미해결의 일들로 묻혀 있었습니다. 일들을 모두 마치는 때는 없었습니다. 그런데 선생님과 얘기를 나눈 후에, 이곳에 와서 보고서와 오래된 서류를 모두 정리해 버렸습니다. 지금 저는 하나의 책상에서 일을 하고 일이 오면 즉시 처리하며, 미해결의 일 때문에 당황하거나 긴장하거나 번민하는 따위는 일체 하지 않습니다. 그러나 가장 경이적인 것은 제가 완전하게 회복되었다는 것입니다. 저에게는 이제 어느 곳에도 두려움은 없습니다."

미국 최고 재판소장이었던 찰스 에버스 휴스는 말했다.

"인간은 과로가 원인이 되어서 죽지는 않는다. 낭비와 번민이 원인이 되어서 죽는 것이다."

이와 같이, '낭비와 일들이 언제까지 있을 것인가' 하는 번민으로 죽는 것이다.

제2법칙 – 중요한 정도에 따라서 일을 처리해 나가자

시지스 서비스 회사의 창립자인 헨리 L. 토하치는, 샐러리맨들의 급여와 관계없이 보이지 않는 재능이 두 가지 있다고 말했다.

이 더없이 귀중한 능력이라고 하는 것은, 하나는 '생각하는 능력'이고 또 하나는 '중요한 정도에 따라 일을 처리해 가는 능력'인 것이다.

최하 말단에서 시작해 20년 만에 베프스탠드 회사의 사장으로 출세한 찰스 로크만은 헨리 도우하치가 말한, 보이지 않는 두 가지 재능을 받아들여서 성공했다고 단언했다.

찰스 로크만은 말했다.

"나는 실로 오래전부터 아침 5시에 일어나고 있다. 왜냐하면 이른 아침에는 모든 것이 잘 생각나게 되기 때문이다. 하루의 계획을 세우고 모든 일들을 그 중요한 정도에 따라서 처리할 수 있게 계획을 세우는 데는 이른 아침이 가장 좋다."

미국에서 가장 성공한 보험회사의 외무원의 한 사람인 프랭클린 베트거는 하루의 계획을 세우는데 아침 5시까지 기다릴 수가 없어서, 그는 전날 저녁에 그것을 계획했다.

다음 날 가입시킬 보험액을 결정한다. 만일 가입액이 남으면 그 금액을 다음 날의 목표액에 부가하는 것이다.

나는 오랜 경험에서, 인간은 항상 만사를 그 중요한 정도에 따라서 처리하지 않는다는 것을 알고 있다.

그러나 또한 제일 중요한 일을 제일 먼저 하려는 계획이 실천될 듯 말듯 하는 것보다는 차라리 계획을 세우지 않는 것이 옳다는 것도 알고 있다.

만일 조지 버나드가 제일 중요한 일을 최초에 할 것을 엄중히 강조한 법칙에 의하지 않았다면 아마도 그는 작가로서는 실패하고 말았을 것이며 일생을 은행의 출납계원으로 끝마쳤을지도 모른다.

그의 계획은 반드시 매일 5페이지를 쓰는 것이다. 이 계획으로써 그는 9년간을 노력해 매일 5페이지를 쓰는 것을 계속했다.

제3법칙 – 문제에 직면하면 그 즉석에서 해결해야 한다

"만일 결단이 필요하다면 결단을 연기해서는 안 된다."

나와 동급생이었던 H. P. 하우엘은 나에게 말했다.

그가 U. S 스즈르 사의 중역이었을 때에, 중역회의는 언제나 장시간이 걸리고, 많은 의안이 심의되었으나 결정은 대부분 연기되어 미뤄지고 있었다.

그 결과, 각 중역들은 많은 보고서를 집에까지 가지고 가서 연구하지 않으면 안 되었다.

이에 하우엘은 한 번에 한 의안만을 상정해서 심의 결정할 것을 제안하자고 전원을 설득했다. 연기한다든가, 집으로 가지고 돌아간다든가 하는 일이 없도록 하고, 새로운 보고를 하고, 어떤 일을 실행하고, 하여간 그것을 결정하지 않고서는 다음의 의안을 상정하지 않게 한 것이다.

그 결과는 실로 놀랄 만한 것이었다. 모든 서류를 정리되고, 일정표는 깨끗이 처리되고, 보고서를 집에까지 가지고 갈 필요가 없게

되었다. 더욱이 미해결의 문제에 머리를 어지럽히지 않아도 된다는
점이었다.

이것은 스즈르 사의 중역회의에서만 아니라, 우리에게 있어서는
좋은 법칙인 것이다.

제4법칙 – 조직화, 대리화, 지휘화를 배우자

많은 경영인들은 타인에게 책임을 위임하는 것을 모르고 있다. 자
기 혼자서 하려고 하기 때문에, 아직 그 정도의 나이가 아닌데도 죽
어간다. 자질구레한 일에도 압도되어, 번민과 불안과 긴장과 초조
등에 쫓기고 쓰러진 결과인 것이다.

책임을 위임하는 것을 배운다는 것이 쉽지는 않다.

나는 경험상, 믿을 수 없는 사람에게 권위를 위임한 데서 일어난
재난을 알고 있다. 그러나 책임을 위임한다는 것은 어려운 것이지
만, 중역들은 번민·긴장·피로를 피하고 싶다면 그것을 실행하지 않
으면 안 될 것이다.

대사업을 이룩한 사람으로 조직화·대리화·지휘화할 것을 배우지
못한 사람은, 50세에서 60세 초기에 심장병으로 안타깝게 세상을 하
직하는 것이다.

3
여유를 가져야 한다

여기에 놀랄 만하고 의미심장한 사실이 하나 있다. 그것은 다름이 아니라 정신적인 작업만으로는, 우리 인간은 피곤하지 않는다는 것이다. 어쩌면 바보 같은 소리를 한다고 할는지 모르겠지만 사실은 과학자들이 인간의 두뇌가 피곤하려면 얼마만한 긴 시간을 필요로 하는가를 발견하려고 실험한 적이 있었다. 그들이 발견한 것은 활동 중에는 전연 피곤한 기색을 보이지 않았다는 것이다.

그날그날 힘든 일을 하는 노동자들의 몸에서 뽑은 혈액에서는 피곤을 유발하는 독소가 가득 차 있었으나 알베르트 아인슈타인의 뇌에서 뽑은 혈액에서는 그것이 하루가 끝나는 시간에서도 피곤을 유발하는 독소는 보이지 않았다는 것이다.

하루 8시간이나 12시간을 활동하고 난 후에도 처음 활동을 시작할 때와 마찬가지로 뇌는 조금도 피곤할 줄 모르는 것이다. 그러면 무엇 때문에 인간은 피곤해지는가, 피곤함을 느끼는 원인은 무엇인가?

정신병학자들이 말하는 것을 인용한다면 우리의 피곤을 느끼는 대부분은 다름이 아니라 우리의 정신적이며 감정적인 태도에 원인이 있다고 단언하고 있다.

영국의 유명한 정신병학자는 그의 저서 '힘의 심리'에서 말했다.

"우리의 괴로움인 피곤의 대부분은 정신적인 원인에서 온다. 순수한 육체적인 원인에서 오는 피곤은 실은 아주 적은 것에 불과하다."

미국의 저명한 정신병학자의 한 사람인 피릴 박사는 이보다 한층 발전적인 학술로, "건강한 직장인의 피로는 백 퍼센트 심리적 요소로, 다시 말하면 감정적 요소가 원인이다."라고 단언했다.

그렇다면 어떤 종류의 감정적 요소가 사무원을 피곤하게 하는 것일까 알아보자. 즐겁다든가, 만족하다든가, 또는 불쾌하다든가, 유쾌하다든가, 굴욕과 원한, 정당하게 평가받지 못하고 있다는 기분과 계속 일을 하고 있다는 기분·초조·불안·번뇌 등 이러한 감정적인 요소가 사무원들을 피곤케 해 감기에 걸리고 일의 능률이 낮아져서 신경질이 나고, 따라서 두통을 앓는 채 집으로 돌아가는 것이다.

우리는 자기의 감정이 신체 내에서 신경적 세포를 긴장시킴으로써 그 때문에 피곤해지는 것이다.

이러한 사실을 지적한 책자는 기술하고 있다.

"격심한 일에서 오는 피곤을 대부분 종합해 보면 충분한 수면과 휴식에서 회복된다. 번뇌와 긴장과 감정의 혼란이 피곤의 3대 원인인 것이다. 육체적으로나 정신적으로 부담을 자주 느끼고 있는 그것 자체가 커다란 원인인 것이다. 긴장해 있는 근육은, 즉 활동하고 있는 근육이라는 것을 잊어서는 안 된다. 그러므로 우리는 많은 일을 하기 위한 에너지를 간직해야 한다."

지금 즉시 일을 멈추고 자기 자신들을 돌아보자.

이 책을 읽고 있는 동안에 당신은 책을 뚫어지게 바라보고 있지 않은가? 눈과 눈 사이에 긴장을 느끼고 있지 않은가? 긴장한 자세로 의자에 앉아 있는지 않은가? 어깨를 으쓱 올리고 있지는 않은가? 얼굴에 굳은 표정을 짓고 있지는 않은가?

만일 당신은 전신이 헝겊을 만든 인형처럼 자연스럽고 부드럽지가 않다면 이 순간에도 정신적인 긴장과 근육적인 긴장을 하고 있다. 다시 말하자면 당신은 신경적인 긴장으로 인한 피곤과 근육적인 긴장을 인한 피곤을 느끼고 있다.

그렇다면 왜 우리는 정신적인 노동을 하는데 있어서, 이런 불필요함이 있어서는 안 될 긴장을 갖게 되는 것인가?

조스린은 말한다.

"어려운 일일수록 노력해야 하는 정신이 필요하다. 그 노력이 없어서는 쉽게 이루어지지 않는다는 것을 일반적으로 알고 있는 그 자체가 커다란 장애인 것이다."

그러므로 우리는 정신을 모아서 책을 읽을 때는 얼굴 표정을 굳게 하고 어깨를 추켜세우는 것은 노력을 하겠다는 동작이므로 근육에 힘을 주게 된다. 그러나 그것은 어디까지나 뇌의 움직임의 조력이 없어서는 이루어지지 않는다. 즉 뇌의 활동이 동시에 일어난 것이다.

여기에 놀랍고도 가슴 아픈 진리가 있다. 그것은 돈을 낭비한다고는 꿈에도 생각 못 하는 대부분의 사람들이 술을 마시고 취해서 비틀비틀 하는 것과 같이 그들은 또한 에너지를 낭비하고 있다는 것이다.

그렇다면 이 신경의 피곤에 대해 어떠한 대책은 없는가!

그것은 바로 휴식이다. 휴식!

일을 하려거든 휴식하는 재주를 배워야 한다.

쉬운 일이라고? 천만에!

아마 당신은 당신의 습관을 일대 전환하지 않고서는 되지 않을 것이다. 그러므로 그것은 노력해야 할 가치가 있다. 그리하여 당신의 생애에 일대 혁명이 올지도 모르는 일이 아닌가.

윌리엄 제임스는 그의 '휴양의 복음'이라는 에세이 중에서 다음과 같이 서술하고 있다.

"미국인은 지나치게 긴장하고, 작은 일에도 기를 쓰고 쉽게 탄식하고 강박하고 통탄스런 표정이다 …… 이것은 실로 아주 나쁜 습관으로써 반드시 고쳐야 한다."

긴장은 습관이다. 휴식도 습관이다. 나쁜 습관은 타박해야 하는 것과 마찬가지로 좋은 습관은 잘 키워야 하는 것이다. 또 형성이 되는 것이다 그렇다면 나쁜 습관을 어떻게 버려야 하는가? 어떻게 고쳐야 하는가? 마음부터 고쳐 나가야 하는 것일까? 그러나 어느 쪽도 아니다. 항상 근육을 쉬게 하는 것부터 시작해야 한다.

그럼 어떻게 해야 하는지 한 가지 실험해 보기로 하자.

눈부터 시작하자. 이 구절을 다 읽고 나면 눈을 감자. 그리고 조용하게 눈을 향해 말해야 한다.

"쉬어라, 쉬어라. 긴장해서는 안 된다. 얼굴을 찡그리지 마라. 그리고 쉬어라, 쉬어라."

1분간 몇 번이라도 이렇게 조용히 말을 계속해야 한다.

2~3초 계속하면 당신은, 눈의 근육이 그것으로 끝인지 시작인지 직감할 수 없었지만, 또는 누구의 손이 와서 긴장을 가져갔는지 느낄 수 없었지만, 아마 이런 것들을 믿지 않을는지도 모르지만 하여튼 당신은 1분간에 휴양하는 기술의 모든 키와 비결을 얻을 것이다.

턱과 얼굴의 근육, 목, 머리, 어깨 등에 있어서도 똑같은 방법을 이용하면 되는 것이다. 그러나 제일 중요한 곳은 눈이다.

시카고 대학의 에드먼드 야콥슨 박사는 모든 인간이 눈의 근육을 완전히 느슨하게 할 수만 있다면 모든 번뇌를 잊을 수 있다고까지 말했다.

그렇다면 어째서 눈의 신경적 피곤을 없애는 것이 그렇게 대단히 어려운지 말한다면, 눈은 우리 몸에서 소비하고 있는 전체 신경에너지의 4분의 1을 소비하고 있다. 시력이 완전한 대부분의 사람들이 눈의 피곤에 고민하고 있는 이유도 여기에 있다. 그들은 눈을 긴장시키고 있다.

유명한 소설가 유기 홈이 어린 시절에 한 노인으로부터 아주 중요한 교훈을 받았다는 얘기이다.

그녀는 잘못해 넘어져서 손목에 상처를 입었었다. 그때에 그 노인은 서커스단의 소품의 일을 맡고 있는 사람이었는데 그녀를 도와 일으켜 주고 그녀의 몸을 털어 주면서 이렇게 말했다.

"네가 넘어져 다친 것은 편히 하는 방법을 모르기 때문이다. 말하자면 고무줄처럼 늘어나는 나일론 양말처럼 부드럽게 하고 있지 않은 탓이다. 그럼 내가 그 방법을 보여 줄 테니 잘 보도록 해라."

그 노인은 그녀와 다른 아이들에게 넘어지는 방법과 뛰어넘는 요령, 그리고 재빨리 일어나는 동작을 보여 주었다. 그리고 "자기를 늘어나는 고무줄로 생각해야 한다. 또한 언제나 어깨를 편안히 해야 한다."라는 말을 들려주었다.

당신은 언제 어디서라도 어디를 가든지 여유 있게 행동해야 한다. 그러나 여유 있게 하려고 노력해서는 안 된다. 여유 있게 하고 일체의 긴장과 노력이 없게 할 것이다. 어떠한 잡념도 없는 상태에 이르는 것이다. 먼저 눈과 얼굴의 근육을 쉬게 하면서 몇 번이고, "쉬어라 …… 쉬어라 …… 아주 여유 있게 쉬어라."라는 말을 되풀이하는 것이다.

그렇게 하면 에너지는 얼굴의 근육으로부터 시작해 몸 전체에까지 천천히 흘러 들어가는 것을 알게 된다. 그리고 갓난아기처럼 해방되는 것이 틀림없다.

대단히 유명한 소프라노 가수인 구르스도 그렇게 했다.

혜론 제퍼슨이 내게 말하기를 언제나 그녀는 무대가 열리기 전에는 의자에 깊숙이 앉아 있었는데 몸의 모든 곳을 잠을 자듯이 축 늘어뜨리고 있었다고 했다.

다음으로, 여유 있게 하는 방법을 알기 전에 우선 실효 있는 몇 가지를 서술하자.

첫째, 언제든지 여유 있어야 한다. 몸을 고무줄처럼 탄력 있는 자세를 취해야 한다. 나는 언제나 헌 나일론 양말 한 짝을 책상 위에 올려놓고 있다. 언제든지 편안하게 있는 것을 잊어버리지 않게 하려는 것이다. 양말이 없을 때는 고양이라도 좋다. 따뜻한 날 잠을 자고 있는 어린 고양이를 본 일이 있을 것이다. 그럴 때 고양이의 두 발은 아래로 축 늘어져 있을 것이다.

나는 오늘날까지 피곤한 고양이나 신경쇠약증에 걸린 고양이나 불면증 등에 처한 고양이를 본 일이 없다. 당신이 고양이처럼 여유 있는 방법을 알았다면, 분명히 이와 같은 불행을 초래하지 않았을 것이다.

둘째, 될 수 있는 한 편안한 자세에서 활동해야 한다. 신체의 긴장은 어깨에 남아서 신경피로를 불러일으킨다는 것을 잊어서는 안 된다.

셋째, 하루에 4~5회씩 자기를 검토해보아야 한다.

"나는 이 일을 실제 이상으로 피곤하게 만들고 있지는 않은가? 나는 이 일에 관계없이 근육을 사용하고 있지는 않은가?" 하고 자기 자신에게 물어보자. 이것은 여유 있는 습관을 만드는 방법의 하나인 것이다.

넷째, 하루가 끝날 때 자기에게 물어보아야 한다.

"어떤 것이 나를 피곤하게 하는 것인가. 만일 피곤해 있다면 그것은 내가 한 정신적 노동 때문이 아니고 그 하는 방법이 나쁜 것이다."

다니엘 조스린은 말하고 있다.

"나는 하루가 끝날 때 일의 결과로 얼마만큼 피곤해 있는가를 따지지 않고 얼마만큼 피곤해 있지 않은가를 따진다. 하루가 끝날 때, 이상하게 피곤을 느끼는 날이면, 그날은 일한 양과 질이 전부 효과 이상이었다는 것을 알게 된다."

이와 같은 교훈을 배운다면, 지나친 긴장으로 인한 사망률이 상당히 줄어들 것이다. 그리고 피곤과 번민으로 낙오되고 타락된 사람들로 요양소나 정신병원이 가득 차는 없을 것이다.

일에 흥미를 가져야 한다

피로의 주 원인의 하나는 권태이다. 그것을 설명하기 위해 오리스라는 속기사를 등장시켜야 하겠다.

어느 날 저녁 오리스는 피로한 채 집으로 돌아왔다. 그녀는 정말 피로해 있었다. 두통이 나고 등과 허리가 아팠다. 그녀는 저녁밥도 먹지 않고 곧바로 자리에 들고 싶었으나 어머니의 성화에 하는 수 없이 식탁 앞에 앉았다.

그때 전화벨이 울렸다. 남자 친구로부터 온 것이다. 댄스파티에 초대한다는 것이었다. 그녀의 눈은 빛났다. 갑자기 기운이 났다. 그녀는 이층으로 뛰어 올라가 옷을 갈아입고 집을 나섰다.

그리고 날이 밝을 무렵 세 시까지 춤을 주었다. 그녀는 너무나도 기운이 솟구쳐서 잠을 자고 싶지 않았다.

이렇듯 오리스는 8시간 전에는 정말 피로해 있었다. 그녀는 자기의 일에 싫증을 느끼고 있었다. 그러나 그녀는 인생에는 만족하고 있다. 이렇듯 오리스와 같은 사람이 수백만일 것이다. 당신도 그중의 한 사람인지도 모른다. 인간의 감정적 태도가 육체적 노력보다 한층 피로를 가져온다는 것은 주지의 사실이다.

수년 전에 조셉 E. 바맥스는 '심피기록' 중에서 권태가 피로의 원인이 된다는 것을 입증하는 보고를 발표했다.

그는 많은 학생들에게 그들의 흥미가 아닌 일에 테스트를 시켰다. 그 결과 학생들은 피로해 하고 졸음이 오고 두통과 눈의 피로를 호소해 와서 대단히 초조한 기분이 되었다. 그중에는 위장의 장해를 받은 사람도 있었다.

이것은 상상이 아니다. 천만의 말이다. 이들 학생들을 상대로 신진대사 테스트를 실시한 결과 사람은 권태를 느끼면 인체의 혈압과 산소의 소비량이 현실보다 감소되고, 사람이 자기의 일에 흥미와 즐거움을 느끼면 그 즉시 신진대사가 속도를 증가한다는 것을 알았다.

인간은 무언가에 흥미를 느끼고 있을 때는 전혀 피로치가 않다.

예를 들어 말한다면, 나는 최근 루이스 호반의 로키산맥에서 휴가를 보냈다. 나는 며칠간 연안에서 몸보다 굵고 긴 나무를 자르고 운반하는 등 8시간을 계속해서 일을 한 후에도 지칠 줄 몰랐다.

왜 그럴까? 내가 흥분되고 마음이 춤을 추고 있었기 때문이다. 나는 더 이상 없을 성취감에 빠졌던 것이다. 나는 해발 7천 피트의 고지에서의 벅찬 일에도 피로한 줄 몰랐다.

등산과 같은 벅찬 활동에 있어서도, 소비적인 일 이상에서도 사람은 피로해지지 않는다. 예를 들어보면, 미니애폴리스의 은행가인 H 씨는 나에게 이 사실을 입증하는 얘기를 해주었다.

캐나다 정부와 캐나다 산악회에, '특별유격대원'의 등산 훈련에 필요한 가이드를 선출해 줄 것을 요청했다. H 씨는 이 가이드의 한 사람으로 선발되었다. 대부분 40세에서 49세가량의 가이드들은 젊은 군인들을 인솔해 빙하를 건너고 설원을 지나 40피트나 되는 암벽을 올랐다. 이렇게 15시간에 걸친 등산 후는 어찌 되었는가?

원기 백배하던 젊은이들도 파김치처럼 피로에 지쳐 버렸다.

그들의 피로는 이제까지 훈련되어 있지 않는 근육을 사용했기 때문에 생긴 것이다. 벅찬 유격대의 훈련을 겪은 젊은이들은 '이 정도는' 하고 처음에는 조소했음이 틀림없다. 그러나 그들은 등산에 굴복당하고 피로해진 것이다. 그들은 피로가 극에 달해 식사도 하지 않고 잠자리에 든 자도 적지 않았다.

그러면 병사들보다 두 배 내지 세 배나 나이가 많은 가이드들은?

그들도 피로는 했지만 완전히 지쳐서 쓰러질 정도는 아니었다. 가이드들은 저녁식사를 하고 몇 시간을 앉아서 그날의 경험을 즐겁게 얘기했다. 그들이 지쳐 쓰러지지 않는 것은 등산에 흥미를 가지고 있었기 때문이다.

콜롬비아 대학의 에드워드 손다이크 박사는 피로에 관해 실험에 나섰을 때, 어떤 청년에게 절대적인 흥미를 갖게 해서 일주일간을 잠을 자지 않게 했다. 여기서 박사는 "일의 감퇴는 권태가 유일의 원인이다."라고 보고했다.

만일 당신이 정신적 노동자라면 일의 양으로 피로해진다고는 할 수 없다. 자기가 하고 싶지 않은 일의 양으로 피로해진다고는 할 수 없다.

"우리의 인생은 우리의 생각으로 인해 만들어진다."

이 말은 18세기 전 마르구스 아우렐리우스가 '심사록'에 기록한 것이다. 그것은 지금도 진리인 것이다.

나는 하루 중에 나 자신에게 말하는 데 있어서는, 용기와 행복에 대해서, 힘과 평화에 대해서 생각하게 된다. 감사하지 않으면 안 되는 데에 있어서는, 원기가 나고 쾌활한 생각에 가슴이 벅차온다.

바른 일을 생각하는 데 있어서, 당신은 싫어하는 일을 조금도 싫어하지 않게 된다. 당신의 고용주는 당신이 일에 흥미를 가질 것을 희망하고 있다. 그리하며 한층 이익을 얻을 수 있기 때문이다.

그러나 그것은 잊어버리는 것으로 하고, 당신이 자기의 일에 흥미를 갖는 것은 당신에게 어떤 이익이 있는가를 생각해 보자. 당신은 인생에 얻는 행복을 두 배로 얻게 되는지도 모른다. 왜냐하면 당신은 낮의 반을 일로 벌고 있듯이, 만일 그 일 중에서 행복을 발견치 못하면, 어디서나 그것을 발견할 수 없기 때문이다.

일에 흥미를 가지면 번민에서도 해방되게 마련이니, 결국은 승진도, 또 급료도 오르게 되는 것이다. 그보다는 피곤을 최소한 줄이게 되고 그 여가에 즐거움을 느끼게 되는 것이다.

4
죽은 개는 걷어차지 않는다

전국적으로 교육계를 뒤흔든 사건 하나가 생겨서 이것을 구경하기 위해 많은 학자들이 미국 각처로부터 시카고로 모여든 일이 있었다. 로버트 허친스라는 이름을 가진 한 청년이 심부름꾼·가정교사·빨랫줄 장사 같은 직업에 종사하면서 예일 대학을 마친 것은 그보다 몇 해 전 일이었다.

그로부터 겨우 8년이 지난 후, 이 청년이 미국에서 부유한 대학으로서 제4위로 손꼽히는 시카고 대학의 학장으로 취임하게 된 것이었다. 그의 나이는 겨우 30세! 참으로 믿을 수 없는 일이었다. 나이 많은 교육가들은 머리를 내둘렀고 비판의 소리 또한 높았다.

그 청년은 과거에 이러저러한 사람이며 나이가 너무 젊고 경험이 없을 뿐만 아니라 그 교육 사상에는 아무런 주관이 없다는 것이었다. 신문 사설까지도 그를 공격해 마지않았다.

마침내 그가 학장으로 취임하는 그날 어떤 친구 하나가 로버트 허친스에게 말하자 허친스의 늙은 아버지는 대답했다.

　"글쎄요. 좀 심한 비난이군요. 그러나 죽은 개를 걷어차는 사람은 없다는 말을 생각해봐야지요."

　그렇다. 개가 중요하면 중요할수록 사람들은 그 개를 걷어차는 데 더욱 만족을 느끼는 것이다. 나중에 에드워드 8세가 된 프린스 오브 웰스도 역시 엉덩이를 발길로 걷어 채인 일이 있었다. 그는 당시 애나포리스에 있는 해군사관학교와 비슷한 해군 고등학교에 다니고 있었는데 그의 나이는 겨우 열네 살쯤 되었었다.

　어느 날 해군 장교 한 사람이 왕자가 울고 있는 것을 보고 무엇이 잘못되었는가를 물어 보았다. 왕자는 처음에는 아무 대답도 안 하다가 급기야 사실을 말하게 되었는데 다른 해군 학생들에게 발길로 걷어 채였다는 것이었다. 학교 교관은 학생들을 한자리에 불러 모아놓고 왕자가 무슨 불평을 말하는 것은 아니로되 대관절 무슨 까닭으로 하필 왕자를 골라서 그러한 험한 장난을 하였는가를 알고 싶다고 말했다.

　학생들은 한참 동안 주저하고 머뭇거리다가 마침내 고백하기를, 자기들이 후일 영국 해군 장교가 되었을 때 자기가 왕을 걷어찼다는 것을 자랑하고 싶었다고 말했다.

　그러므로 당신이 혹 남에게 걷어 채이거나 비판을 받을 때는 당신은 당신에게 그렇게 하는 것이 그렇게 하는 사람에게 있어서 중요하다고 생각되었기 때문이라는 것을 기억하는 것이다. 그것은 흔히 당신이 어떠한 성공을 하였기 때문에 당신을 문제 삼을 가치가 있다는 것을 의미하는 것이다. 사람들 중에는 자기보다 학문이 많고 자기보다 큰 성공을 거둔 사람을 비난함으로써 야비한 만족감을 느끼는 자가 많다.

쇼펜하우어는 여러 해 전에 이렇게 말했다.

"저속한 인간은 훌륭한 사람의 결점과 실수에 큰 흥미를 느낀다."

누가나 예일 대학의 학장 같은 사람을 저속한 인간으로 생각하는 사람은 없을 것이다.

그러나 전 예일 대학장 드와이트는 분명코 미국 대통령으로 출마했던 후보 한 사람을 비난함으로써 큰 만족을 느낀 일이 있었다. 학장은 그를 비난하되 만일 그 인간이 대통령에 당선된다면, "우리는 우리의 아내와 딸이 법적으로 매춘부가 되어 멀쩡하게 창피를 당하고 허울 좋게 몸을 더럽히는 꼴을 볼 것이다. 그는 도덕과 예의를 모르고 하느님과 인간을 미워하는 자이다."라고 경고하였던 것이다.

마치 히틀러를 비난하는 말과 같이 들린다. 그러나 이 비난은 히틀러를 비난한 것이 아니고 토마스 제퍼슨을 말하는 것이 아닐까? 그렇다 바로 그 사람이다.

당신은 위선자, 사기꾼 또는 '살인범보다 조금 나은 인간'이라는 비난을 받은 사람이 누구라고 생각하는가? 한 신문의 만화는 그를 단두대 위에 올려 세우고 큰 칼로 그 목을 자르는 흉내를 그렸으며, 군중은 그가 말을 타고 거리를 지날 때 그를 조소하며 혀를 찼던 것이다. 그러면 이것이 누구였던가?

조지 워싱턴 그 사람이었다.

그러나 이러한 사건은 모두 옛날 옛적에 일어난 일이다. 따라서 혹 그 후 우리의 인간성이 변했을는지 모를 일이다. 그러면 잠깐 우리는 피어리 제독의 실례를 들어 보기로 하자.

피어리 제독은 갖은 곤란과 기아를 무릅쓰고 기어이 도달하려던 목적지인 북극 땅에 1909년 4월 6일 개가 끄는 썰매를 타고 도착해 전 세계를 경탄과 흥분 속에 휩쓸어 넣었던 탐험가다. 그는 추위와 굶주림으로 거의 죽게 되었고 발가락은 얼어 터져 여덟 개나 잘라 버리게 되었으며, 참을 수 없는 고통으로 정신에 이상이 생길 정도였다.

그러나 워싱턴에 있는 그의 해군 선배들은 피어리 제독에 대한 인기와 갈채를 시기해 그를 비난하되, 피어리 제독이 과학적 탐험을 핑계 삼아 돈을 모아서 '거짓말을 퍼뜨리며 북극 땅에서 노닐고 있다.'고 말했다. 그들은 아마 마음속으로 피어리 제독의 성공을 믿었을 것이다. 왜냐하면 사람은 자기가 믿고자 하는 것을 믿지 않고서는 못 배기기 때문이다. 그러나 피어리 제독을 모욕하고 방해하려는 그들의 결의가 몹시 강하긴 했지만 매킨레이 대통령의 직접 명령으로 겨우 피어리 제독은 북극에서의 활동을 계속할 수가 있었던 것이다.

피어리 제독이 만일 워싱턴 해군성에서 책상 앞에 앉아 펜대만 굴리고 있었다면 그러한 비난을 받았을 것인가? 아니다. 그는 남의 질투를 살 만큼 중요하지도 않았을 것이다.

5
자기 자신을 가엾게 여겨서는 안 된다

나는 일찍 늙은 '송곳구멍', 또는 늙은 '지옥귀신' 버틀러라는 별명을 가진 스메들레이 버틀러 소장을 만난 일이 있었다. 그가 누구인지를 당신은 아는가? 그는 일찍 미국 해병대를 지휘하던 쾌활하고 호언장담을 잘하던 장군이었다.

그는 나에게 자기가 어렸을 때 인기를 끌려고 무척 애썼으며 누구에게나 좋은 인상을 주려고 노력했다고 말했다. 따라서 그는 당시 대수롭지 않은 비판에도 노여움을 타고 마음을 태웠던 것이다. 그러나 삼십여 년간 해병대에 있는 동안 얼굴가죽이 꽤 두꺼워졌노라고 고백하며 이렇게 말했다.

"나는 그동안 여러 가지 꾸지람을 들었고 모욕도 당하였으며, 노랑개·독사뱀·스컹크라는 욕설까지도 들었소. 나는 전문가들의 나쁜 비평도 받았을 뿐만 아니라 영문으로 차마 활자화하지 못할 만큼

흉학한 욕설을 들어왔소. 그러면 내가 그것 때문에 무슨 걱정 근심을 하였느냐고? 천만에! 나는 지금 누가 나를 욕할 때는 어떤 사람이 무슨 말을 하고 있든지 고개도 돌이켜 보지 않는 형편이오.”

물론 늙은 ‘송곳구멍’인 버틀러 장군은 남의 비판에 너무 무관심했을는지도 모른다. 그러나 한 가지만은 확실하다. 즉 우리는 대개 우리에 대한 조그마한 조소와 악담을 너무 심각히 생각한다는 그것이다. 나는 몇 해 전에 ‘뉴욕 선’지의 기자 하나가 내 성인 교육반 전시회에 나왔다가 나와 내 사업을 조롱한 기사를 쓴 것을 보았다. 나는 분개해 그것은 나에게 대한 인신공격으로 생각하고 집행위원장인 길 후지스 씨에게 항의 전화를 걸고, 신문 사설을 쓰는데 있어서 남을 조롱하지 말고 사실을 기록해야 한다고 요구하였던 것이다. 나는 거기에 상당한 복수를 하려고 결심했다.

그러나 오늘날 그것을 생각해 보면 내가 그때 그 신문을 산 사람들의 절반은 그 기사를 읽지도 않았고 그것을 읽은 반수의 사람들도 그 기사를 한갓 허물없는 장난으로 알았을 뿐이었으며, 또 혹시 그 중에 흥미를 가지고 읽은 사람들도 있었으나 그 사람들 역시 며칠이 안 돼서 전부 그 기사를 잊어버리고 만다는 사실을 뒤늦게 알았다.

나는 모든 사람들이 결코 당신이나 나나 또는 우리에게 대한 남의 말에 그리 관심이 없다는 것을 이제야 알게 되었다. 그들은 모두 아침식사 전후와 또 그때서부터 자정 십 분 후까지 자기 자신에 관한 것을 생각하고 있다. 그들은 당신과 내가 죽었다는 소식보다도 자기들의 하찮은 감기가 몇천 배나 중요하게 생각되는 것이다.

누가 우리에 대한 어떤 거짓말을 하든가, 우리를 조소하고 배반하며 음해하든가, 또는 가장 친한 친구 여섯 명 중에서 한 사람씩 우리를 팔아먹는 일이 있다 하더라도 우리는 절대로 자기 자신을 가엾게 여겨서는 안 된다. 오히려 우리는 그와 똑같은 일이 '예수'에게도 있었다는 것을 생각해 볼 것이다.

나는 몇 해 전에 남이 나를 부당하게 비판하는 것을 내가 막아내지는 못할망정 그보다 훨씬 중요한 일, 즉 나에게 대한 부당한 비판이 나를 방해하고 있다는 것을, 내 자신이 결정할 수 있게 하는 방법을 알게 되었다.

나는 이것을 명백하게 하려고 한다. 즉 나는 실제에 있어서 모든 비판을 무시해야 한다고 말하는 것이 아니다. 절대로 그런 것이 아니라, 오직 부당한 비판만을 무시해야 한다는 것이다. 나는 일찍 엘리너 루스벨트 부인에게 부당한 비판을 처리하는 방법을 물은 일이 있었다. 루스벨트 부인이 허다한 비판을 받은 것은 누구나 다 아는 사실이다. 이 부인이야말로 아마 백악관에서 생활한 다른 어떤 부인보다도 열렬한 친고와 맹렬한 적을 한꺼번에 많이 가졌던 장본인이다.

그는 나에게 자기가 어렸을 때 거의 병적으로 수줍었다고 말했다. 그는 남의 비판을 너무 무서워하였기 때문에 자기 백모인 데오돌 루스벨트의 누님에게 충고를 요구하고, '아주머니, 나는 이런 일을 하고 싶은데 남이 무어라고 할까 봐 겁이 납니다.'라고 말할 정도였다.

데오돌 루스벨트의 누님은 엘리너 루스벨트의 눈을 한참 들여다

본 후, '네 마음에 옳다고 생각되는 한 누가 무어라고 하든지 절대로 염려하지 말라.'고 말했다. 엘리너 루스벨트는 나에게 자기 아주머니의 그 말 한마디가 그 후 백악관에 있는 동안 '지브랄터의 바위와 같은 무게 있는 역할을 했다.'고 말했다.

그는 모든 비판을 피할 수 있는 유명한 방법은 마치 튼튼한 질그릇 같은 인간이 되어 조금도 움직이지 않는데 있다고 말했다.

"하여간 남의 비판은 있을 것이므로 자기가 옳다고 생각하는 일을 해야 한다. 그렇더라도 욕을 먹을 것이다."

이것이 그의 충고였다.

링컨이 만일 자기에게 몰려오는 모든 무서운 비난에 대답하는 방법을 알지 못하였던들 그는 남북전쟁의 긴장으로 자멸의 지경에 이르렀을 것이다. 그가 자기를 비판하는 자를 어떻게 처리하였는가를 말한 몇 마디 말은 오늘날 문학적인 명구가 되어 있거니와 맥아더 장군은 그 글귀를 써서 전쟁 중에 자기 사령부에 걸어 놓았으며, 윈스턴 처칠도 이것을 그림틀에 넣어 자기 서재 벽에 걸어 놓았었다.

그 글귀는 다음과 같다.

"내가 만일 나에 대한 모든 공격의 글을 읽는다든가 더구나 대답을 하려고 한다면 나는 이 상점의 문을 닫고 다른 장사를 시작해야 할 것이다. 나는 내가 아는 가장 좋은 방법을 취하고 있으며 내가 할 수 있는 가장 좋은 일을 하고 있다. 나는 마지막까지 그와 같이 해 나갈 것이다. 그래서 만일 결과가 좋다면 나에게 반대하던 것이 문제가 되지 않을 것이나, 만일 결과가 나쁘다면 열 명의 천사가 내가 옳다고 하더라도 아무 소용이 없을 것이다."

제 2 장

사람의 마음을
읽어야 한다

인간의 행동은 마음속의 욕구에서 생긴다.
그러므로 사람을 움직이는 최선의 방법은 우선 먼저
상대의 마음속에 강렬한 욕구를 일으키게 하는 것이다.

1
남을 비난하기 전에 상대를 이해해야 한다

자신이 악인이라고 생각하는 사람은 없다

남의 결점을 고쳐 주려고 생각하는 마음은 분명히 훌륭하고 칭찬 받을 가치가 있다. 그러나 어째서 먼저 자신의 결점을 고치려고 생각하지 않는 것일까?

1931년 5월 7일 뉴욕시에서는 세상에 일찍이 없었던 범죄와의 전쟁 소탕전이 벌어졌다.

포악한 살인범이자, 사격의 명수이며, 게다가 술도 담배도 하지 않는다는 쌍권총의 명수 크로울리가 몇 주간에 걸친 수사 끝에 마침내 추적을 당하고 웨스트 앤드가에 있는 정부情夫의 아파트로 도망쳐 들어갔다.

범인이 잠복하고 있는 그 아파트의 맨 위층을 150명의 경찰대가 포위하고 지붕에 구멍을 뚫고 최루가스를 집어넣어 크로울리를 사로잡으려고 했다. 한편 주위의 빌딩 옥상에는 기관총이 준비되어 있었다.

이윽고 뉴욕의 고급 주택가에 느닷없는 총성이 한 시간 이상 걸쳐서 요란스럽게 울리게 되었다. 크로울리는 큼직한 소파의 뒤에 숨어서 경찰을 향해 맹렬한 총격을 가했다. 이 소란을 구경하려고 모인 군중의 수는 무려 1만 명에 달했다. 그야말로 뉴욕에서는 전에 보지 못했던 대활약극이 벌어졌기 때문이었다.

크로울리가 체포되었을 때 경시총감 마르네가 발표한 바에 의하면, 이 쌍권총의 명수는 뉴욕의 범죄사에서 드물게 보는 흉악범으로 '바늘 끝만한 동기'가 있어도 간단하게 살인을 저지르곤 했다고 한다.

그런데 이 쌍권총 크로울리는 스스로를 어떻게 생각하고 있었을까? 실은 이에 대한 해답을 얻을 여지가 남아 있었다. 그것은 그 총격전의 현장에서도 이 사나이는 '관계자 제위'에게 보내는 한 통의 편지를 남긴 것이다. 그 편지를 쓰는 동안에도 피를 계속해 흘렸다. 피에 물든 편지의 한 구절에는 다음과 같은 말이 기록되어 있다.

내 마음, 그것은 삶에 지쳐 버린 마음이긴 하지만 부드럽고 온화한 마음이다. 그 누구도 사람을 상하게 하리라고는 생각한 적이 없는 마음이다.

이 사건이 일어나기 조금 전에 크로울리는 롱아일랜드의 시골 길가에 차를 세워 놓고 정부情夫와 함께 있었다.

52

그때 경찰이 차에 다가가서 말을 건넸다.

"면허증을 보여 주시오."

그러나 느닷없이 권총을 꺼낸 크로울리는 아무 말도 없이 상대를 향해 총알을 퍼부었다. 경찰이 그 자리에 쓰러지자 크로울리는 차에서 뛰어내려 경찰의 권총까지 탈취해서 그것으로 다시 한 발을 쏘아서 숨을 거두게 했다.

이런 살인마가 '누구 하나 사람을 상하게 할 수 없는 마음의 소유자'라고 자기 스스로를 말하고 있는 것이었다.

크로울리가 형무소의 전기의자에 앉았을 때 어떤 말을 했을까?

"이렇게 된 것도 내 자업자득이다, 수많은 사람을 죽인 범죄자이니까."

이렇게 말했을까? 천만에, 그는 그렇게 말하지 않았다.

"나는 내 몸을 지키려다 이런 꼴이 되었다."

이것이 크로울리가 남긴 최후의 말이었다.

이 말의 요점은 흉악무도한 크로울리마저 자기가 나쁘다고는 전혀 생각하지 않았다는 것이다.

이런 생각을 가진 범죄자는 결코 드물지 않다.

전 미국을 떨게 했던 암흑가의 황제 알 카포네가 한탄한 말은 다음과 같았다.

"나는 한창 일할 나이의 태반을 이 세상과 사람들을 위해 살아왔다. 그런데 결국 내가 얻은 것은 차가운 세상의 비난과 전과자라는 낙인뿐이다."

카포네 같은 극악한 인간도 스스로를 악인이라고 생각하지 않았을 뿐만 아니라 자기는 오히려 자선사업가라고 생각하고 있었다. 그런데 세상이 오히려 그의 선행을 오해하고 있다고 말한 것이다.

뉴욕의 제1급 악인인 다치 세러도 역시 마찬가지였다. 갱들끼리의 싸움으로 목숨을 잃기 전의 일인데 어느 신문 기자 회견식장에서 세러는 자신을 '사회의 은인'이라고 칭하고 있었다. 사실 그 자신은 그렇게 믿고 있었다.

이 문제에 대해서 필자는 형무소 소장으로부터 흥미 있는 이야기를 들은 바 있다.

대개의 수형자들은 자기 자신을 악한이라고 생각하고 있는 사람이 거의 없다는 것이다. 곧 그들은 자기는 일반 선량한 시민과 조금도 다르지 않다고 생각하며 어디까지나 자기 행위에 대해 정당한 사유를 들어 옳다고 믿고 있다는 것이다.

즉 그들은 왜 금고를 털지 않으면 안 되었던가, 또는 권총의 방아쇠를 당기지 않으면 안 되었던가 따위의 이유를 정말 그럴 듯하게 설명한다.

범죄자는 대개 자신의 나쁜 짓에 그럴 듯한 이유를 달아서 그것을 정당화하고 형무소에 수감된 것을 매우 부당하다거나 재수 없이 자신이 걸려들었다고 생각하고 있는 것이다.

이제까지 열거한 악인들까지도 자신이 옳았다고 생각하고 있다면 그들처럼 악인이 아닌 일반인들은 자기 자신을 도대체 어떻게 생각하고 있겠는가.

미국의 위대한 설법가 존 워너메이커는 다음과 같이 말했다.

"30년 전에 나는 사람을 나무라는 것은 가장 어리석은 짓이라고 생각했다. 어느 누구도 완전하지 못하다는 사실을 알고 있었기 때문이다. 자신의 일까지 자신의 생각대로는 되지 않는다. 하느님이 모든 사람에게 평등한 지능을 주시지 않았다는 것까지 화를 낼 수는 없는 노릇이다."

워너메이커는 젊어서 이러한 것을 깨달았지만, 나는 아쉽게도 사십이 가깝게 되어서야 비로소 인간은 비록 아무리 자기가 잘못되어 보여도 결코 자기가 나쁘다고는 생각하기를 꺼린다는 것을 알게 되었다.

타인의 허물을 찾아내는 것은 아무런 소용이 없다.

상대는 곧 방어 태세를 갖추고 어떻게든 자기를 정당화하려고 할 것이다. 게다가 자존심을 상하게 된 상대는 결국 반항심을 일으키게 되니 실로 위험천만한 일이 된다.

지난날 독일의 군대에서는 무슨 불만이 있어도 그 자리에서 곧 불평하는 것을 허락하지 않았다. 화가 치밀고 속이 상해도 하룻밤을 자고 난 후가 아니면 말할 수가 없었다.

다음 날이 되면 어느새 기분도 진정되고 있어서 아무런 말도 없게 된다는 것이다. 이 규칙은 엄격히 지켜졌다.

이것은 당연히 일반 사회에도 법률로 적용되어서 항상 잔소리만 하는 부모, 까다로운 남편, 고용인에게 무조건 호통만 치는 고용주, 그 밖에 세상의 허물만을 들추는 사람 모두를 단속해야 한다고 생각되었다.

　남을 비난하는 일의 무익함은 역사에도 많은 예가 있다.

　루스벨트 대통령과 그 후계자인 태프트 대통령과의 유명한 반목이 그 한 예이다.

　이 사건 때문에 두 사람이 이끄는 공화당이 분열되고 결국은 민주당의 윌슨이 백악관의 주인이 되었다. 이는 제1차 세계대전에 미국이 참전하는 등, 역사의 흐름을 변화시키는 데 일조를 하게 되었다.

　1908년, 루스벨트는 같은 공화당의 태프트에게 대통령 자리를 양보하고 자신은 아프리카에 사자 사냥을 가버렸다.

　그런데 얼마 후 돌아와 보니 아무래도 태프트가 하는 일이 마땅치 않았다. 너무 보수적 경향이 강했던 것이다. 그래서 루스벨트는 차기 대통령의 지명을 확보하기 위해 진보당을 조직했다. 그 결과 공화당은 파멸의 위기에 빠졌고 다음 선거에서 태프트를 대통령 후보로 내세운 공화당은 불과 버몬트와 유타 등 2개 주에서만 지지를 받았을 뿐 공화당은 전례 없는 참패를 당했다.

　루스벨트는 태프트를 책망했다. 그러나 책망을 받은 태프트는 정녕 자신이 나쁘다고 생각했을까? 물론 그렇게는 생각하지 않았다.

　"아무리 생각해도 나로서는 그렇게밖에 할 도리가 없었다."

　태프트는 참회의 눈물을 머금고 사람들에게 이렇게 말했다.

　이 두 사람 중에서 어느 편이 나쁜가 하고 말한다면 솔직한 얘기로 나는 그것을 분간할 수 없고, 또 알 필요도 없다.

내가 말하고 싶은 것은 루스벨트가 아무리 태프트를 힐난한다손 치더라도 태프트로 하여금 자기는 나쁘다고 생각하게 할 수는 없었으리라는 것이다.

결과는 다만 어떻게든지 자신의 입장을 정당화하려고 기를 쓰고 '아무리 생각해도 그렇게 할 수밖에 다른 방법은 없었다.'라는 이야기만 반복시킬 따름일 것이다.

또 한 가지 예를 들면 디포트 돔 유전 의혹 사건을 들어보자.

이는 미국에서도 공전의 대의혹으로써 국민의 격분이 수년 동안에 걸쳐서 수습되지 않았을 정도의 사회적으로 큰 파문을 일으킨 사건이었다.

이 의혹 사건의 중심인물은 앨버트 펄이라는 사람으로서 그는 하딩 대통령 때 내무장관이란 요직을 지내던 자이다. 이 사람이 당시 정부 소유지인 디포트 돔과 엘그 힐의 유전 대여에 관한 실권을 쥐고 있었다.

그는 이를 빌미삼아 해군용으로 보존하도록 되어 있었던 유전을 공개입찰도 없이 친구인 에드워드 드헤니와 계약을 체결하고 유전을 대여해 주어서 큰 돈벌이를 시켰다.

그 결과 드헤니는 엄청난 부를 축척할 수 있었고, 그 대가로 10만 달러를 대부금조로 펄에게 융통해 주었다. 그러자 내무장관인 펄은 해병대를 동원해 그 유전 부근의 다른 업자들까지 축출하려고 했다. 엘그 힐의 석유 매장량이 이웃 유전에 영향을 받아 감소될 것을 염려한 것이다.

그런데 해결이 안 되는 것은 총칼로 내쫓긴 사람들이 대거 법정에 고소를 제기했다.

이리하여 1억 달러의 독직 사건이 백일천하에 폭로된 것이다. 이 사건은 너무나 추악하고 또 그로 인해 마침내 하딩 대통령의 정치 생명을 끊었으며, 전 국민의 격분을 사서 공화당을 위기에 빠뜨리고, 앨버트 펄에게 투옥의 고역을 치르게 하는 결말을 가져왔다.

펄은 현직 관리로서는 전례가 없을 정도의 무거운 형을 받았다. 그러면 펄은 자기의 죄를 뉘우쳤을까? 천만에, 대답은 전혀 그렇지 않았다.

그로부터 몇 년 후에 허버트 후버 대통령이 어느 강연회에서 하딩 대통령의 하야를 재촉시킨 것은 가장 가까운 측근들에게 배신당한 정신적 고통이었다고 술회한 적이 있다. 그러자 우연히 이것을 듣고 있던 펄의 부인이 난데없이 의자에서 일어나서 울면서 앙칼진 목소리로 팔을 휘저으며 소리쳤다.

"뭐라고요? 하딩이 펄에게 배신을 당했다고요? 천만에요! 내 남편은 남을 배신한 일은 한 번도 없습니다. 이 건물 가득히 황금을 쌓아 놓아도 남편을 나쁜 일에 끌어넣을 수는 없어요. 오히려 남편이 하딩으로부터 배신을 당한 것입니다. 그는 배신으로 인해 고통받은 제1의 수난자입니다."

이와 같이 악한 사람일수록 자기가 한 짓은 미화시키고 남의 애기를 하는 것이다. 이것이 인간의 천성이다. 그런데 이것은 악인의 경우에 국한된 것은 아니다. 우리도 역시 마찬가지이다. 그러므로 만약 비난하고 싶어지면 알 카포네나 크로울리나 펄의 이야기를 상기해 주기를 바란다. 남을 비난하는 것은 마치 하늘을 쳐다보고 침을 뱉는 것과 같아서 반드시 자기 몸으로 되돌아온다.

남의 잘못을 들추거나 비난하면 결국 상대는 반대로 이쪽을 노렸다가 태프트와 같이, '그렇게 할 수밖에 방법이 없었다.'라고 말하는 것이 고작이다.

사람의 마음을 지배한 링컨

1856년 4월 15일 토요일 아침, 포드 극장에서 부스의 흉탄에 쓰러진 에이브러햄 링컨은 극장 맞은편 어느 싸구려 여관의 침대에 눕혀져 죽음을 기다리고 있었다. 침대가 너무 작아서 링컨은 대각선으로 침대 위에 눕혀져 있었다. 방 벽에는 로자 본뇔의 유명한 '말 장터'의 값싼 그림의 모조품이 걸려 있을 뿐이었다. 그리고 침침한 가스등 불빛이 누렇게 흔들리고 있었다.

이 참담한 광경을 지켜보고 있던 스탠턴 육군 장관은, '여기에 누워 있는 사람만큼 완전하게 인간의 마음을 지배할 수 있었던 사람은 세상에 둘도 없을 것이다.'라고 중얼거렸다.

이처럼 교묘하게 인간의 마음을 사로잡은 링컨의 비결은 무엇이었을까? 나는 링컨의 생애를 10년간 연구하고 그로부터 3년에 걸쳐서 '세상에 알려진 링컨'이라고 하는 책을 내놓게 되었으나 링컨의 사람됨과 그 가정생활에 관해서도 남김없이 연구하고, 그 성과에 대해서도 타인의 추종을 불허한다고 자부하고 있다.

또 링컨의 사람을 다루는 방법에 대해서는 특히 온갖 노력을 기울여서 연구했다.

링컨이 사람을 비난하는 일에 흥미를 가진 적이 있었느냐고 묻는다면 그렇다고 대답할 것이다. 그것도 매우 많이 말이다.

그가 아직 젊었을 때 인디애나주의 피존 크리크 바레라는 시골 동네에 거주하고 있었을 당시, 그는 남의 잘못을 찾아내어 헐뜯었을 뿐만 아니라 상대방을 비웃는 시나 편지를 써서 그것을 일부러 사람들의 눈에 띄도록 길에 떨어뜨려 놓기도 했다. 그 편지의 하나가 근원이 되어 평생 동안 그에게 반감을 지니게 된 사람도 있었다.

그 후, 스프링필드에 나와 변호사를 개업한 후로도 그는 반대자를 비난하는 편지를 신문지상에 공개하는 등의 행동을 서슴지 않았으며, 그것이 너무나 지나쳐서 나중에는 큰 봉변을 당하게 되었다.

1842년 가을, 링컨은 ‘스프링필드 저널’지에 제임스 실즈라는 겉멋쟁이요 시비를 좋아하는 아일랜드 출신의 정치인을 비난하기 위해 익명으로 풍자문을 써 보냈던 것이다. 이것이 게재되자 온 동네가 폭소를 자아냈고, 실즈는 당장 비웃음의 대상이 되었다.

그러자 감정적이고 자존심이 강한 실즈는 불덩이같이 대로했다. 투서의 주인공이 누구인지를 알게 되자, 즉각 말을 타고 링컨에게 달려가 결투를 신청했다.

링컨은 결투에는 반대하였으나 결국 거절하지 못하고 신청을 받아들이게 되어서 무기의 선택은 링컨에게 일임되었다. 링컨은 팔이 길었으므로 기병들이 쓰는 폭넓은 검을 선택해 육군사관학교 출신 인 친구에게 이 검의 사용법을 지도받았다.

약속된 날이 되자 두 사람은 미시시피강의 모래섬에서 만나 드디어 결투가 시작되려고 했을 때, 쌍방의 입회인이 끼어들어서 결투는 그것으로 끝나버리고 말았다.

이 사건은 링컨의 간담을 서늘하게 만들었다. 덕분에 그는 사람을 다루는 방법에 대해서는 더없는 교훈을 얻었다. 두 번 다시 사람을 어리석게 하려는 편지를 쓰지 않았고, 사람을 조롱하는 일도 중지하고 어떤 일이 있어도 남을 비난하는 일은 거의 하지 않게 되었다.

그 후 꽤 오래된 일이지만 남북전쟁 때의 일이다.

포트맥강 지구의 전투가 신통치 않았기 때문에 링컨은 사령관을 자꾸 갈아치우지 않으면 안 되었다. 그러나 그가 임명한 맥래던, 포프, 번사이드, 후커, 미드 등의 5인의 장군을 갈아 보았으나 모두 공교롭게도 실수만을 저질렀다.

링컨은 그야말로 비관적이었다. 국민들 대부분도 이 무능한 장군들을 통렬하게 비난했으나 링컨은 '악의를 버리고 사랑을 하라.'는 성경 구절에 따라 자신을 타이르며 마음의 평정을 잃지 않았다.

'남을 책하지 마라. 남의 책망을 받는 것이 싫다면.'이라고 말하는 것이 그가 즐겨 쓴 좌우명이었다.

링컨은 아내나 측근의 인물들이 남부 사람들을 욕할 때마다 이렇게 말했다.

"남에게 욕질하는 것을 삼가시오. 우리도 입장이 바뀐다면 틀림없이 남부의 사람들처럼 될 테니까."

그런데 당연히 남을 비난해도 좋은 사람이 이 세상에 있다면 링컨이야말로 바로 그 사람이다.

한 가지 예를 더 들어보자.

1863년 7월 1일부터 3일간에 걸쳐 게티즈버그에서는 남북 양군의 격전이 벌어지고 있었다.

4일 밤이 되자, 리 장군이 이끄는 남군이 때마침 폭우에 쫓겨 후퇴하기 시작했다. 패잔병을 이끌고 리 장군이 포트맥강까지 퇴각하자 강물은 밤새 내린 큰 비로 범람하고 있었다. 도저히 건너갈 수 없었고, 배후에서는 기세를 얻은 북군이 추격하고 있었다. 남군은 완전히 궁지에 빠지고 말았다. 링컨은 남군을 괴멸시키고 전쟁을 즉각 종결시킬 수 있는 좋은 기회를 얻은 것을 기뻐하고 기대에 가슴이 부풀었다.

그는 미드 장군에게 작전회의 따위는 취소하고 지체 없이 추격할 것을 명령했다. 이 명령은 우선 전보로 미드 장군에게 전해졌고 뒤이어 특사가 파견되어서 당장 공격을 개시하도록 독촉했다.

그러나 미드 장군은 링컨의 명령과는 정반대되는 일을 해버렸다. 작전회의를 열어서 공연히 시간을 낭비하고 여러 가지 구실을 붙여 공격을 거부해 버렸다. 그동안에 강물은 줄어들고 장군은 남군을 이

끌고 무사히 강을 건너 후퇴해 버렸다.

링컨은 울화통이 터졌다.

"도대체 이것이 어떻게 된 일이냐!"

그는 아들인 로버트를 붙들고 소리쳤다.

"이게 무슨 꼴이야! 적은 독 안에 든 쥐가 아니었던가? 이쪽에서는 손만 약간 내밀어도 될 것을, 내가 아무리 말해도 우리 군대는 꼼짝도 않으니 말이다. 그런 경우라면 어떤 장군이라도 리 장군을 격파할 수가 있었을 거야. 나라도 할 수가 있을 정도다!"

심히 낙담한 링컨은 미드 장군에게 한 통의 편지를 썼다.

이때의 링컨은 매우 조심스럽게 글을 쓰고 있다는 것을 알 수가 있다. 그리고 1863년에 쓰인 이 편지는 링컨이 몹시 화를 내어 쓴 것임에 틀림없었다.

장군께!

나는 적장 리의 탈출로 인해 야기되는 불행한 사태의 중대성을 귀하께서 올바르게 인식하고 있다고는 생각하지 않습니다. 적은 확실히 우리의 수중에 있었습니다. 추격하기만 하면, 최근 우리 군대가 거둔 전과와 더불어 전쟁에 종결을 가져왔을 것이 분명합니다. 그럼에도 이 절호의 기회를 놓친 지금에 있어서는 전쟁 종결의 가능성은 도무지 서지 않게 되었습니다.

장군은 지난 월요일에 리를 공격하는 것이 가장 안전했습니다. 그것마저도 할 수 없었다고 한다면 적장이 피안으로 도망쳐 버린 지금에 있어서 그를 공격하는 것은 절대로 불가능할 것입니다. 그날 병력의 3분의 2밖에 오늘날은 이용할 수 없습니다.

앞으로 귀하의 활약에 기대한다는 것은 무리라고 생각됩니다. 사실 나는 기대하고 있지 않습니다. 귀하는 천재일우의 기회를 놓친 것입니다. 그 때문에 나도 역시 말할 수 없는 고통을 겪고 있습니다.

미드 장군은 이 편지를 읽고 어떻게 생각했을까?

그러나 미드는 이 편지를 읽지 못했다. 왜냐하면 링컨이 보내지 않았기 때문이다. 이 편지는 링컨이 죽은 후에 그의 서류 속에서 발견된 것이다.

이는 내가 추측해 보건대 아마도 링컨은 이 편지를 써놓고 한참 동안 창밖을 내다보았을 것이다. 그리고 이렇게 생각했을 것이다.

'돌이켜 생각해보면 어쩌면 이것은 너무 성급한 일인지도 모른다. 이렇게 고요한 백악관의 구석에 앉은 채 미드 장군에게 명령을 내리는 것은 내게 있어서는 매우 쉬운 일이지만 만약 내가 게티즈버그 전선에 지난 1주간 미드 장군이 보았을 만큼의 유혈 사태를 눈여겨보고 있었더라면, 그리고 부상병의 비명과 단발마적인 절규를 귀가 따갑도록 들었다면 아마 나도 나아가 공격을 계속할 마음이 없어졌을지도 모른다. 또한 만약 내가 미드와 같이 태어날 때부터 소심했다면 틀림없이 나도 그와 같은 행동을 했을지도 모른다. 게다가 이미 모든 일은 때가 늦었다. 하긴 이 편지를 보내면 내 마음은 풀릴지 모른다.

그러나 미드는 어떻게 할 것인가? 자기를 정당화하고 반대로 나를 비난하겠지. 그리고 내게 대한 반감이 더해져서 앞으로도 사령관으로서는 쓸모가 없어지고 결국은 군대를 떠나야만 할 것이다.'

링컨은 이 편지를 전술한 바와 같이 책상 서랍 속에 그대로 방치해둔 것임에 틀림없다. 링컨은 과거의 쓰라린 경험에서 심한 비난이나 책망은 대개의 경우 아무 효과도 없다는 것을 알고 있었던 것이다.

루스벨트 대통령 재임 중 어떤 난국에 부딪히면 언제나 거실의 벽에 걸려 있는 링컨의 초상화를 쳐다보며, '링컨 같으면 이 문제를 어떻게 처리할까?' 하고 생각해 보는 것이 습관이 되었다고 스스로 말하고 있다.

우리도 남을 공격하고 싶어졌을 때에는 루스벨트 대통령의 생활 신조를 본받아서 한번 생각해보도록 하자.

"이런 경우에 링컨이라면 어떻게 했을까?"

남의 결점을 고쳐 주려고 생각하는 마음은 분명히 훌륭하고 칭찬받을 가치가 있다. 그러나 어찌하여 먼저 자신의 결점을 고치려고 생각하지 않는 것일까? 섣불리 타인을 타이르기보다는 자신을 먼저 바로잡는 것이 무엇보다 이득이고 또 위험도 적다. 이기주의적인 입장에서 생각한다면 확실히 그렇게 될 것이다.

모든 것을 알면 모든 것을 용서하게 된다

"자신과의 싸움을 시작한 사람은 자신이 가치 있는 인간임을 증명하는 것이다."

이것은 영국의 시인 브라우닝의 말이지만, 자기와 싸워서 자기를 완전한 인간으로 만들려면 적어도 1년은 걸릴 것이다. 그러나 그것이 성공만 한다면 깨끗한 신년을 맞이할 수가 있다. 내년부터는 생각대로 남의 결점을 찾아내어도 좋다. 그러나 그에 앞서 자신이 완전하게 되어 있어야 하는 조건이다.

'자기 집 문간이 더러운 주제에 옆집 지붕 위의 눈에 시비하지 말라.'고 가르친 것은 동양의 현인 공자였다.

내가 젊었을 때의 일이다. 당시 나는 어떻게든 남들에게 내 존재를 인식시키려고 마음먹고 있었다. 그 무렵 미국 문단에서 이름 있는 작가론을 쓰게 되어 있었기 때문에 그의 창작 방법을 직접 문의한 것이다. 마침 그 수주일 전에 어떤 사람으로부터 편지를 받았으나 그 편지 말미에는 다음과 같은 문구가 있었다.

'글의 책임은 기자에게 있음'

나는 이 문구가 매우 마음에 들었다. 이 편지의 주인은 대단히 훌륭한, 매우 저명한 인사일 것이라고 생각했다. 나는 결코 바쁘지 않았기 때문에 어떻게 해서라도 데이비스에게 강한 인상을 주려고 그 문구를 편지의 글머리에 첨가해 버렸다.

데이비스는 답장 대신에 내가 쓴 편지를 돌려보냈다. 되돌아온 편지의 여백에는, '무례한 짓을 함부로 하지 말게!'라고 쓰여 있었다. 물론 말할 나위 없이 나는 나빴고, 그런 모욕을 받아도 할 말이 없었다.

그러나 나도 감정을 가진 인간이라 역시 분개했고 울화가 치밀었다. 그로부터 10년 후에 리처드 하딩 데이비스의 부음을 신문에서 읽었을 때 우선 내 가슴에 떠오른 것은 부끄럽고 화가 났던 그때의 모욕이었다.

죽을 때까지 남에게 미움을 받고 싶은 사람은 남을 신랄하게 비평만 하면 된다. 그 비평이 들어맞으면 맞을수록 효과는 커진다.

대체로 사람을 다룰 경우에는 상대방을 논리적인 동물이라고 생각해서는 안 된다. 상대는 감정의 동물이며, 뿐만 아니라 편견과 자존심과 허영심에 의해 행동한다는 사실을 늘 염두 해두지 않으면 안 된다.

남을 비난하는 것은 가장 위험한 불꽃놀이다. 그 불꽃놀이는 자존심이라고 하는 화약고의 폭발을 유발시키기 쉽다. 이 폭발은 때때로 사람의 목숨을 빼앗기도 한다.

가령, 레널드 우드 대장의 경우, 그는 비난을 받고 프랑스 전선에 파견되지 않았다. 이것이 그의 자존심을 상하게 해 죽음을 재촉한 원인이 되었다고 한다.

영문학의 대가 토마스 하디가 영원히 소설을 쓰지 않게 된 이유는 매정한 비평 때문이며, 영국의 천재 시인 토마스를 자살로 몰아넣은 것도 역시 비평이었다.

젊었을 때 대인 관계가 나쁘기로 유명했던 벤저민 프랭클린은 뒷날 매우 외교적인 기술을 터득하고 사람 다루는 방법이 능숙한 것을 인정받아 마침내 주불 대사로 임명되었다.

그의 성공 비결은 다음과 같이 말하고 있다.

"결코 남의 단점을 들춰내지 않고 장점만 칭찬한다."

남을 비평하거나 잔소리를 늘어놓는 것은 어떤 바보라도 할 수 있다. 그리고 바보일수록 그런 것을 하고 싶어 한다.

이해와 관용은 뛰어난 성품과 인내심을 갖춘 사람이 처음으로 가질 수 있는 덕이다.

영국의 사상가 칼라일에 의하면, '위인은 소인을 다루는 방법에서도 그 위대함을 나타낸다.'라고 말했다.

그러므로 남을 비난하는 대신 상대를 이해하도록 노력하지 않으면 안 된다. 어떤 이유로 해서 상대가 그러한 것을 저지르게 되었는지 잘 생각해 보아야 한다. 그렇게 하는 것이 훨씬 유익하고 재미도 있다. 그렇게 하면 동정과 관용, 호의가 저절로 우러나온다.

모든 것을 알면 모든 것을 용서하게 된다.

영국의 위대한 문학가 닥터 존슨은, "하느님도 사람을 심판하려면 그 사람의 사후까지 기다린다."라고 말했다. 하물며 우리 인간이 그때까지 기다리지 못할 까닭이 없지 않겠는가?

중요한 존재임을 인식시키자

인간의 가장 뿌리 깊은 충동

인간은 무엇을 탐내는가? 인간이 갖는 가장 뿌리 깊은 충동은 '주요 인물이 되고자 하는 욕구'라고 했다. 자기 중요성의 욕구를 만족시키는 방법에 의해서 그 인간의 성격의 정해지는 것이다.

사람을 변화시키는 비결은 이 세상에 오직 한 가지밖에 없다. 이 사실을 알고 있는 사람은 극히 드문 것 같다. 그러나 사람을 변화시키는 비결은 확실히 한 가지밖에 없다. 즉 스스로가 변화시키고 싶은 마음을 일으키는 것, 바로 이것이 비결이다.

거듭 말하거니와 그 외에는 별다른 비결이 없다.

물론 상대의 가슴에 권총을 들이대고 손목시계를 풀어 주고 싶은 마음을 일으키게 할 수는 있다. 종업원에게 목을 자른다고 위협해 협력을 하게 할 수도 있다. 적어도 감시의 눈이 번쩍이고 있는 동안만은 채찍이나 호통을 쳐서 아이들을 마음대로 움직일 수도 있다. 그러나 이런 서툰 방법에는 항상 좋지 못한 반작용이 있게 마련이다.

사람을 움직이는 데는 상대가 원하고 있는 것을 주는 것이 유일한 방법인 것이다.

사람은 무엇을 원하고 있는가?

20세기의 위대한 심리학자 프로이트 박사에 의하면 인간의 모든 행동은 두 가지 동기에서 출발된다고 한다. 즉 성적인 충동과 위대해지고자 하는 욕망이 그것이다.

미국의 저명한 철학자이며 교육가인 존 듀이 교수도 그와 같은 사실을 말을 약간 바꾸어 나타내고 있다.

즉 인간이 갖는 가장 뿌리 깊은 충동은 '주요 인물이 되고자 하는 욕구'라고 했다. '주요 인물이 되고자 하는 욕구'라는 것은 사실 의미심장한 문구이다.

우리 인간은 무엇을 탐내는가? 비록 원하는 것이 별로 없는 듯한 사람에게도 어디까지나 손에 넣지 않고는 배기지 못하는 것이 몇 가지는 있을 것이다. 평범한 인간이면 우선 다음에 드는 것을 소망할 것이다.

◆ 건강과 장수

◆ 맛있는 음식

◆ 안락한 휴식과 수면

◆ 금전의 욕구

◆ 죽은 다음의 부활

◆ 성적인 만족

◆ 자손의 번영

◆ 자신의 중요성 – 자기 자신의 확고한 지위 확보

이상의 욕구는 대체로 만족할 수 있는 것들이지만 하나만은 예외가 있다. 이 욕구는 성욕이나 휴식 같은 욕구와 같이 매우 뿌리가 깊으며 더구나 좀처럼 충족될 수가 없는 것이다. 즉 그것은 맨 마지막 여덟 번째의 '자신의 중요성'이 그것이다. 프로이트가 말하는 '훌륭한 사람이 되고 싶은 욕망'이 그것이며, 듀이가 말하는 '주요 인물이 되고 싶은 욕구'가 그것이다.

링컨의 편지 서두에는 '사람은 누구나 겉치레를 좋아한다.'라고 쓰인 것이 있다. 심리학자인 윌리엄 제임스는 '인간이 지닌 성정 중에서 가장 강한 것은 남의 인정을 받는 것을 갈망하는 기분이다.'라고 한다.

여기서 제임스가 '희망한다.'든가, '원망한다.'든가, '동경한다.'든가 하는 우아한 표현을 쓰지 않고 굳이 '갈망한다.'는 말을 쓴 것에 주의해 주기를 바란다.

이것이야말로 인간의 마음을 끊임없이 흔들고 있는 불타는 듯한 갈증이다. 남의 이와 같은 마음의 갈증을 올바르게 채워 줄 수 있는 사람은 극히 드물지만 그것을 할 수 있는 사람이야말로 비로소 타인의 마음을 자기의 손아귀에 넣을 수가 있는 것이다. 장의사라 할지라도 이런 사람이 죽었다면 진심으로 슬퍼할 일이다.

자기의 중오감 또는 중요한 사람이 되고자 하는 욕구는 인간을 동물과 구별하고 있는 가장 중요한 인간의 특성이다.

이에 대해 재미나는 이야기가 있다.

필자가 아직 미주리주의 시골에 있을 때의 어느 날 이야기지만 아버지는 저지종의 돼지와 흰 머리의 순종 소를 먹이면서 중서부 각지에서 열린 품평회에 출품해 몇 번이나 1등을 했다.

아버지는 그 수많은 영예의 1등상 리본을 한 장의 흰 모슬린 천에 핀으로 꽂아서 줄지어 놓고 손님이 있으면 언제나 그 긴 모슬린 천을 들고 나왔다. 천의 한쪽 끝을 아버지가 가지고 또 한쪽 끝을 내가 가지고 리본을 손님에게 보이는 것이었다.

돼지는 자기가 얻은 상에 하등의 관심도 없었지만 아버지께서는 대단히 중요한 문제였다. 결국 그 상이 아버지로 하여금 자신이 중요한 존재라는 인식을 갖게 한 것이다.

만약 우리의 조상이 이 불타는 듯한 자기의 중요성에 대한 욕구를 갖지 않았더라면 인류의 문명도 생겨나지 않았을 것이다.

교육을 받지 못한 가난한 한 식료품 직원을 분발시켜, 전에 그가 50센트로 사두었던 법률 책을 짐짝 속에서 꺼내어 공부를 하게 한 것은, 다름 아닌 자기의 중요성에 대한 욕구에 눈떴기 때문이다. 이 직원이 바로 누구나 다 알고 있으리라 생각되는 링컨이다.

영국의 소설가 디킨스에게 위대한 소설을 쓰게 한 것도, 18세기 영국의 명 건축가 크리스토퍼 랜에게 불후의 명작을 남기게 한 것도, 역시 록펠러에게 평생 써도 다 쓸 수 없는 부를 만들게 한 것도 모두가 자기의 중요한 인간이 되고자 하는 욕구였다.

부자가 필요 이상의 호화주택을 짓는 것도 역시 같은 욕구의 맛이다. 최신 유행의 스타일로 몸을 치장하거나 외제 승용차를 굴리고 다니거나 자기 집 아이들을 자랑하는 것도 모두 이 욕구가 있기 때문이다.

많은 청소년들이 악의 길로 유혹당하는 것도 이 욕구 때문이며, 뉴욕의 경시총감이었던 마르네도 다음과 같이 말하고 있다.

"최근의 청소년 범죄자는 마치 자아의 덩어리 같다. 체포 후에 그들의 최초의 요구는 자기를 영웅같이 취급해 크게 다룬 신문을 보여 달라고 하는 것이다. 자기 사진이 세간의 주목받는 유명한 인물들, 즉 베이브 루즈나 아인슈타인, 린드버그, 루스벨트 등의 사진과 함께 실려 있는 것을 보고 있으면 전자의자에 앉게 될지도 모른다는 염려는 멀리 어느 곳으로 사라져 버리는 것이다."

제각기 다른 자기 중요성의 욕구 만족

자기의 중요성을 만족시키는 각 사람마다 제각기 다루는 그 방법을 들어보면 그 사람이 어떤 사람인가를 알 수 있다. 다시 말해 자기 중요성의 욕구를 만족시키는 방법에 의해서 그 인간의 성격이 정해지는 것이다. 이는 매우 의미 깊은 말이다.

가령 존 D. 록펠러는 자기의 중요성에 대한 욕구를 채우게 하는 방법으로써, 전혀 알지도 못하는 중국의 빈민들을 위해 북경에 현대적인 병원을 세우는 데 필요한 자금을 기부하는 것이었다.

그러나 델린저라는 사람은 자기의 중요성을 만족시키기 위해 절도와 은행 강도, 그러다가 나중에는 살인범이 되어버렸다. 경관에게 쫓겨서 미네소타의 어떤 농가에 도망쳐 들어갔을 때 그가 외친 말이 있다.

"나는 델린저다!"

그는 또 자기가 흉악범이라는 것을 과시하고 싶어서 못 견디겠다는 듯 이렇게 말했다.

"나는 너희들을 괴롭힐 생각은 없다. 그러나 나는 델린저다!"

그는 자신이 범죄자라는 사실에 더할 수 없는 긍지를 과시하고 싶었던 것이다.

이와 같이 델린저와 록펠러와의 중요한 상이점은 자기가 중요한 존재임을 만족시키기 위해 취한 방법의 차이뿐이다.

유명한 사람들이 자기의 중요성을 채우기 위해 노력한 중요한 예는 세상 어디서나 찾아볼 수 있다.

조지 워싱턴도 자기를 '미합중국 대통령 각하'라고 불러 주기를 원했다. 콜럼버스도 '해군 대제독, 인도 총독'이라는 칭호가 탐났던 것이다. 러시아의 캐서린 여왕은 자기에게 오는 편지 중에서 서두에 '폐하'라고 쓰여 있지 않은 것들은 거들떠보지도 않았다.

그리고 링컨 부인은 대통령 관저에서 그랜드 장군 부인을 향해

"아이 참, 정말 당신이란 사람은 뻔뻔스럽군요? 내가 앉으라는 말도 하기 전에 먼저 주저앉아 버리니 말이에요!" 하며 무섭게 노하여 소리쳤다.

버드 소장이 이끄는 남극 탐험대에 미국의 백만장자들이 다투어 자금을 원조한 것 또한 남극의 산맥에 자신들의 이름을 기록하라는 조건이 달려 있었다.

어디 그뿐이랴, 프랑스의 위대한 작가 빅토리아 위고는 수도 파리를 자기의 이름과 관련된 명칭으로 변경시키는 엄청난 야망을 품고 있었다. 저 위대한 셰익스피어까지도 자기의 이름을 빛내기 위해 많은 돈을 들여 귀족의 칭호를 얻었다.

그와 반대로 남의 동정과 관심을 끌어서 자기의 중요성을 만족시키기 위해 꾀병을 핑계로 삼는 사람도 때때로 있다.

가령 맥킨리 대통령의 부인의 경우가 그 예이다.

그녀는 자기의 중요성을 부각시키게 하기 위해 남편인 맥킨리 대통령에게 중대한 국사를 소홀히 하게 하고 침실에 들게 해 자기가 잠들 때까지 몇 시간이든 애무를 계속하게 했다. 또 그 부인은 치과 치료를 받고 있는 동안, 남편을 옆에서 한시도 놓지 않고 그것으로 하여금 남의 주의를 끌게 해 자기의 욕구를 만족시켰다.

하루는 대통령이 다른 약속이 있어서 아무래도 부인을 치과 의사에게 남겨두고 떠나지 않으면 안 될 처지에 이르렀다. 그 뒤에 큰 소동이 일어난 것은 말할 나위도 없다.

이와 같이 자기의 중요성을 갈망하는 나머지 결국 광기의 세계로까지 그것을 채우려고 하는 사람도 이 세상에는 있다는 얘기가 된다. 그렇다고 한다면 우리가 정상적인 세계에서 이 소망을 채워 준다고 한다면 어떤 기적이라도 일으킬 수가 있을 것이다.

아낌없는 격려와 찬사

연봉 1백만 달러 이상의 보수를 받고 있는 찰스 슈워브를 보자.

앤드류 카네기가 이 슈워브라는 사나이에게 어떤 뜻으로 백만 달러, 즉 하루에 3천 달러 이상의 급료를 지불했을까? 슈워브가 천재이기 때문일까? 아니다. 슈워브가 이만한 급료를 받는 중요한 이유는 그가 사람을 다루는 명수이기 때문이라고 스스로 말하고 있다. 그 비결을 물어보니, 그것은 그야말로 명언이었다. 동판에 새겨서 각 가정이나 학교, 상점, 사무실 등의 벽에 걸어두면 좋을 것이다. 아이들도 라틴어의 동사변화나 브라질의 연중 강우량 따위를 외우는 대신에 이 말을 암기해 둘 필요가 있다. 이 말을 활용하면 우리의 인생은 크게 변모할 것이다.

"나에게는 사람의 열의를 불러일으키는 능력이 있다. 이것이 내게 있어서는 무엇과도 대체할 수 없는 보물이라고 생각한다. 상대방의 장점을 길러 주기 위해서는 칭찬하는 것과 격려하는 것이 무엇보다 좋은 방법이다. 윗사람으로부터 꾸중을 듣는 것만큼 향상심을 해치는 것도 없다. 나는 결코 사람을 비난하지 않는다. 남을 일하게 하려면 격려가 필요하다고 나는 믿고 있다. 그러니까 나는 남을 칭찬하는 일을 좋아하지만 비난하는 것은 매우 싫어한다. 마음에 드는 일이 있으면 진심으로 찬성하고 아낌없이 찬사를 보낸다."

이것이 슈워브의 사람 다루는 비결이다. 그런데 일반 사람은 어떻게 하는가? 꼭 그와 반대로 하고 있다. 마음에 들지 않으면 마구 비난하고 해치지만 마음에 들면 아무 말도 하지 않는다.

슈워브는 또 이렇게 단언한다.

"나는 지금까지 세계 각국의 수많은 훌륭한 사람들과 사귀어 왔으나 아무리 지위가 높은 사람도 잔소리를 들으면서 일하는 것보다는 칭찬을 받으며 일할 때가 일에 열성이 깃들일 뿐만 아니라 일의 능률도 오르는 것 같다. 그 예외는 아직 한 번도 겪은 일이 없다."

실은 이것이 앤드류 카네기가 대성공을 한 열쇠라고 슈워브는 말하고 있다. 카네기도 공사를 막론하고 어느 경우에서든지 남을 칭찬했다.

앤드류 카네기는 남의 일을 자기 무덤의 묘비에까지 새겨서 칭찬하려고 했다. 그가 스스로 쓴 묘비명은 이렇다.

《자기보다도 현명한 인물들을 주변에 모으는 방법을 터득한 사람이 여기에 잠들다.》

그리고 진심으로 감사하는 것이 록펠러가 사람을 다루는 비결이다. 그에게는 다음과 같은 일화가 있다.

에드워드 베드포드라는 그의 동업자가 있었는데, 어느 날 그는 남미에서 얼토당토않은 매입에 실패를 해 회사에 2백만 달러의 손해를 입혔다. 다른 사람 같으면 아마 길길이 날뛰며 분통을 터뜨리고 질책을 했을 것이다.

그런데 한 가지 록펠러는 베드포드가 최선을 다했다는 사실을 알고 있었다. 게다가 사건은 이미 끝나버린 뒤였다.

그래서 그는 거꾸로 상대를 칭찬할 재료를 찾아냈다.

즉 베드포드가 겨우 투자액의 60%까지 회수할 수 있었던 것을 기뻐하고, '잘했어. 그나마 회수할 수 있다니 정말 다행일세.'라고 말한 것이다.

에머슨은 이렇게 말하고 있다.

"어떠한 인간이라도 나보다 뛰어난 점, 그러니까 내가 본받아야 할 장점이 있다."

에머슨 같은 위대한 사상가도 이러한데 하물며 우리와 같은 평범한 사람에 있어서야, 자기의 장점이나 욕구를 잊어버리고 남의 장점을 생각하도록 해야 할 것이다.

거짓이 아닌 진심으로부터 칭찬을 하도록 하자. 슈워브와 같이 진심으로부터, 아낌없이 칭찬을 해주자.

상대는 그것을 마음깊이 간직해 두었다가 평생토록 잊어버리지 않을 것이다. 칭찬을 한 본인은 설혹 잊어도 칭찬을 받은 사람은 언제까지나 잊지 않고 소중히 간직할 것이다.

3
타인의 입장에서 생각하자

낚시 바늘에는 고기가 좋아하는 지렁이를 달아야 한다

성공의 비결이라는 것이 있다면 그것은 타인의 입장을 이해하고 자기의 입장과 동시에 타인의 입장에서 사물을 볼 수 있는 능력이다.

나는 매년 여름이 되면 거의 매일 주로 낚시를 떠난다. 나는 딸기 밀크를 좋아하는데 그곳의 고기는 지렁이를 좋아한다. 그러니까 나는 낚시를 갈 경우에 내가 좋아하는 것은 제쳐놓고 고기가 좋아하는 것을 생각한다. 딸기 밀크를 미끼로 쓰지 않고 지렁이를 바늘에 꿰어서 고기에게 내밀고 '어서 드십시오.'라고 한다. 사람을 낚는 경우에도 이 고기 낚는 상식을 이용하면 좋을 것이다.

영국의 수상 로이드 조지는 이 방법을 이용한 인물로 유명하다.

제1차 대전 중 그와 함께 활약한 연합국의 지도자 윌슨, 올랜드, 클레망소 등의 인물들은 벌써부터 세상에서 잊힌 존재가 되어 있지만 유독 혼자만이 변함없이 그 지위를 보유하고 있었다. 그 비결을 질문받자 그는, '낚싯바늘에는 고기의 구미에 맞는 것을 달아두는 것이 최선의 요령'이라고 대답했다.

자기가 좋아하는 기호는 되도록 잊어야 한다.

자기 것을 중시하는 것은 철부지의 어리석은 생각이다. 물론 우리는 자기가 좋아하는 것에 흥미를 가진다. 또 영원히 갖게 될 것이다. 그러나 자기 외에는 아무도 그런 것에 흥미를 가져주지는 않는다. 누구나 마찬가지로 사람들은 자기가 원하는 것에만 관심을 갖게 마련이기 때문이다.

그러므로 사람을 움직일 수 있는 유일한 방법은, 그 사람이 좋아하는 것을 문제로 삼고 그것을 손에 넣는 방법을 가르쳐 주어야 한다. 이 점을 잊어서는 사람을 다룰 수 없을 것이다.

가령 자녀들에게 담배를 피우지 않게 하려면 장황한 설교 따위는 쓸모가 없다. 특히 자기의 희망을 말하는 것도 설득력이 없다. 오히려 자기 자식에게 관심이 있는, 담배를 피우는 사람은 야구 선수가 될 수 없고, 백 미터 경주에서도 이길 수 없다는 것을 설명해 주어야 한다.

이러한 방법을 터득하고 있으면, 어른들은 물론 송아지나 침팬지라도 마음대로 움직일 수가 있다.

이러한 얘기가 있다.

어느 날 에머슨과 그의 아들이 송아지를 외양간에 넣으려고 했다. 그런데 에머슨 부자는 세상에 흔해빠진 실수를 저지르고 말았다. 그들은 자기들의 희망밖에 생각하지 않았던 것이다.

아들이 송아지를 끌고 에머슨이 뒤에서 밀었다. 그러자 송아지 또한 에머슨 부자와 같은 짓을 했다. 즉 자기가 하고 싶은 것밖에 생각하지 않았다. 네 발을 버티고 꼼짝하려 하지 않았다. 그것을 보다 못해 아일랜드 출신의 가정부가 거들려고 왔다.

그녀는 논문이나 책을 쓸 줄은 모르지만 적어도 이 경우에는 에머슨보다도 송아지 몰이의 상식을 터득하고 있었다. 말하자면 송아지가 무엇을 원하고 있는가를 생각하고 있었다. 그녀는 자기의 손가락을 송아지의 입에 물려서 그것을 빨게 하면서 친절하게 송아지를 외양간 속으로 끌어들였던 것이다.

인간의 행동은 '무엇을 원하는가?'에서부터 출발한다.

적십자사에 1백 달러를 기부하는 행위는 어떤가? 이것도 결코 이 법칙에서 벗어나 있지는 않다. 사람을 구제하고 싶다고 생각했기 때문이다. 가난한 형제를 돕는다는 것은 말하자면, 하느님을 섬기는 일이나 마찬가지이다.

아름다운 행위에서 생기는 기쁨보다 백 달러로 차라리 무언가를 사는 게 좋을 거라고 생각하는 사람은 기부 같은 것은 하지 않을 것이다. 물론 마지못해 한다든가 괄시할 수 없는 사람으로부터 의뢰를 받았다든가 하는 이유에서 기부를 하는 경우도 있을 것이다. 그러나 기부를 한 이상 무엇인가를 원했던 것은 확실하다.

미국의 심리학자 오버스트리트 교수의 명저 '인간의 행위를 지배하는 힘'이라는 책에 다음과 같은 말이 있다.

"인간의 행동은 마음속의 욕구에서 생긴다……. 그러므로 사람을 움직이는 최선의 방법은 우선 상대의 마음속에 강한 욕구를 일으키게 하는 일이다. 장사하는 데 있어서나, 가정과 학교에 있어서나, 혹은 정치에 있어서도, 사람을 움직이려는 사람은 이 사실을 잘 기억해 둘 필요가 있다. 이것을 할 수 있는 사람은 만인의 지지를 얻는 일에 성공하고, 할 수 없는 사람은 한 사람의 지지자를 얻는 데도 실패할 것이다."

타인의 입장에서 사물을 볼 수 있는 능력

강철 왕 앤드류 카네기도 애당초는 스코틀랜드 태생의 가난뱅이에 지나지 않았다. 처음에는 한 시간에 2센트의 급료밖에 받을 수가 없었으나 나중에는 사회 각 방면에 3억 6천 5백만 달러를 기부하기에 이르렀다.

그는 젊은 날에 이미 사람을 다루려면 상대가 원하고 있는 일들을 생각해서 이야기하는 수밖에 방법이 없다고 깨닫고 있었다. 학교라고는 4년밖에 다니지 못했으나 사람을 다루는 방법은 알고 있었던 것이다.

다음과 같은 일화가 있다.

카네기의 사촌 누이동생은 예일 대학에 다니고 있는 두 자식의 일로 앓아누울 만큼 걱정을 하고 있었다. 두 아들은 모두 자기 일에만 정신이 팔려 집에 편지 한 통도 보내지 않았던 것이다. 그들의 어머니가 아무리 초조하게 편지를 보내도 답장은 오지 않았다.

카네기는 조카들에게 편지를 써서 회답에 대해서는 하등 언급을 하지 않고 답장을 보내 올 것인지의 여부에 대해서 백 달러를 걸고 내기를 해보자고 했다.

내기에 응하는 사람이 있어서 그는 조카들에게 편지를 보냈다. 별 용건도 없는 두서없는 글을 써 보낸 편지였다.

다만 추신에 두 사람에게 5달러씩을 보내주마 하고 그럴 듯하게 말했다.

그러나 그 돈은 동봉하지 않았다.

조카들에게 감사의 뜻을 전하는 답장이 곧 도착했다.

"앤드류 숙부님, 편지 감사해요……."

그 다음의 문구는 상상에 맡긴다.

남을 설득시켜서 무엇인가 일을 시키려면 입을 열기에 앞서 자신에게 물어볼 필요가 있다.

"어떻게 하면 상대방으로 하여금 그렇게 하고 싶은 심정이 일어나게 할 수 있을까?"

이렇게 하면 남에게 불필요한 잔소리를 늘어놓지 않아도 될 것이다.

나는 강연회를 열기 위해 뉴욕의 어느 호텔 한 홀을 시즌마다 20일간 밤에만 빌려 쓰고 있었다.

그런데 어느 시즌이 시작될 무렵에 돌연 그 사용료를 종래의 3배

가까운 금액으로 올린다는 통지를 받게 되었다. 그때는 이미 티켓의 인쇄가 끝나 예매가 진행되고 있었을 뿐만 아니라 일반에게 발표도 해버린 뒤였다.

나로서는 당연히 그러한 인상을 받아들여야 할 생각이 추호도 없었다. 그러나 내 마음을 호텔로 전달해 보내야 하등의 소용이 없을 것이라 판단했다. 오히려 호텔 측은 오직 호텔의 문제밖에 생각하고 있지 않을 것이다. 그래서 한 이틀쯤 지나 지배인을 만나러 갔다.

"통지를 받았을 때는 다소 놀랐습니다. 그러나 지배인님을 책할 생각은 없습니다. 저도 지배인님의 입장에 있다면 필경 그와 같은 편지를 썼을 것입니다. 호텔의 지배인으로서는 가능한 한 호텔의 수익을 올리는 것이 그 임무입니다. 그 임무를 다하지 못하는 지배인 같으면 마땅히 파면이 돼야 할 것입니다. 그런데 이번에 사용료를 인상해 값을 올리는 것이 호텔에 어떤 이익과 손실을 초래할지는 모르지만, 그 자세한 내용을 표로 작성해 보지 않겠습니까?"

이렇게 말하고 나는 종이를 손에 들고 맨 가운데에 선을 긋고 '이익'과 '손실'의 난을 만들었다.

"빈 큰 홀을 댄스파티나 다른 집회용으로 자유롭게 빌려줄 수가 있으면 이익이 있을 것입니다. 이것은 확실히 큰 이익입니다. 우리 강연회용으로 빌려주기보다도 훨씬 많은 사용료를 받을 수가 있을 것입니다. 20일간이나 큰 홀을 밤마다 점령당하는 것은 호텔로서는 분명히 큰 손실에 틀림없을 것입니다.

그런데 다음은 손해에 대해서 생각해 보지요. 우선 첫째로 제게로 부터 들어오게 될 수익이 없으며 반대로 줄어들 것입니다. 줄어들기 는커녕 한 푼도 들어오지 않습니다. 저는 지배인님이 말씀하시는 그 대로의 사용료를 지불할 수가 없기 때문에 강연회는 어디 다른 장소 를 빌려서 하지 않으면 안 됩니다. 게다가 또 한 가지 호텔 측으로서 는 해가 되는 일이 있습니다. 이 강연회에는 지식인이나 문화인이 수없이 모여들 것이고, 이는 호텔을 위해서 큰 선전이 될 것입니다. 사실 신문에 5천 달러짜리 광고를 낸다 한들 제 강연회에 올 만한 수 많은 사람이 이 호텔을 보러 오리라고는 생각할 수 없습니다. 이것 은 호텔 측으로서는 매우 유리한 일이 아닙니까?"

이상의 두 가지 '손해와 조건'을 해당란에 써넣고 종이쪽지를 지배 인에게 건네주었다.

"여기에 적힌 손익계산표를 보고 잘 생각한 후에 최종적인 회답을 들려주십시오."

그 다음 날, 나는 사용료의 세 배가 아닌 50%만 인상하겠다는 통 지를 받았다.

이 문제에 관해서 나는 내 자신의 요구를 한 마디도 입에 담지 않 았다는 사실에 유의하기 바란다. 시종 상대방의 요구에 관해서 얘기 하고 어떻게 하면 그 요구를 충족시킬 것인가를 이야기했을 뿐이다.

가령 내가 감정에 따라서 지배인의 방으로 뛰어 들어가 다음과 같 이 소리쳤다고 가정해 보자.

"여보시오! 이제 와서 세 배로 값을 올린다는 것은 부당하지 않은 가요. 티켓도 이미 다 인쇄되어 있고…… 어디 그뿐인가요. 행사를 위해 광고도 이미 발표한 것을, 당신도 잘 알 것이 아니오? 그것을 세 배라니 말도 안 되는 소리지요. 누가 그렇게 지불합니까?"

이럴 경우, 어떤 결과가 되고 말았을까? 서로가 흥분해서 입에 거품을 품고 그 결과는 말하지 않아도 쉽게 알 수 있을 것이다. 비록 내가 상대를 설득해서 그 잘못을 깨닫게 하더라도 상대는 물러서지 않을 것이다. 자존심이 그것을 허락지 않을 것이다.

자동차 왕 헨리 포드가 인간관계에 대해서 언급한 명언이 있다.

"성공의 비결이라는 것이 있다면 그것은 타인의 입장을 이해하고 자기의 입장과 동시에 타인의 입장에서 사물을 볼 수가 있는 능력이다."

실로 음미해 볼 만한 말이 아닌가. 몇 번인가 되풀이해서 잘 기억해주기를 바란다. 참으로 간단하고 알기 쉬운 도리이지만 그러면서도 대개의 사람은, 대개의 경우 그것을 지나쳐버리고 있는 실정이다.

사람을 움직이는 최선의 방법

오늘도 여전히 수천 명의 세일즈맨들이 충분한 수입도 얻지 못한 채, 실망과 피로에 지쳐서 거리를 돌아다니고 있다.

왜냐하면 그들은 항상 자기가 원하는 것밖에 생각하지 않기 때문이다. 고객들은 별로 아무것도 사고 싶다고 생각하고 있지는 않다. 그들은 그것을 알지 못하는 것이다.

고객들은 사고 싶은 것이 있으면 자기 스스로가 나가서 사게 된다. 고객들은 자기의 문제를 해결함에 있어서 세일즈맨이 팔려고 하는 것이, 생활에 도움이 된다는 것이 증명만 되면 이쪽에서 자진해서 산다.

세일즈맨은 강매를 할 필요가 전혀 없다. 손님이라는 존재는 사고 싶어서 사는 것을 좋아하지만 강요를 당하는 것은 원치 않는다. 그럼에도 불구하고 세일즈맨의 대다수는 손님의 입장에서 서서 생각하고 팔려고 하지 않는다.

한 가지 좋은 예가 있다.

나는 뉴욕 교외의 포리스트 언덕에 살고 있지만 어느 날 정거장으로 급히 가는 도중에 롱아일랜드에서 다년간 부동산 중개업을 하고 있는 사람을 만났다. 그 사람은 포리스트 언덕의 사정을 잘 알고 있었기 때문에 내가 살고 있는 집의 건축 재료에 대해 물어 보았다. 그러나 그는 모른다고 대답하고 정원협회에 전화로 문의해 보라고 일러 주었다. 그 정도의 일이라면 나도 벌써부터 잘 알고 있다.

그런데 그 다음 날, 그로부터 한 통의 편지가 왔다. 어제 물어본 일을 알게 되었을까? 전화를 걸면 일 분도 채 걸리지 않는 문제이다. 궁금해서 편지를 펴본 나는 그만 실망하고 말았다. 그는 어제와 같이 전화로 물어 보라고 거듭 되풀이하고 그 후에 보험에 가입해 달라고 부탁하고 있었다.

이 사람은 나에게 도움이 되는 그러한 일에는 하등의 흥미가 없었다. 그 자신에게 도움이 되는 일에만 흥미를 가지고 있는 것이다. 이 사람이 남의 도움이 되는 일에 흥미를 갖게 된다면 나를 보험에 가입시키는 것보다 몇천 배나 이익을 거둔 셈이 되겠지만 유감이 아닐 수 없다.

지적인 직업에 종사하고 있는 사람이라도 역시 이 같은 실수를 종종 저지른다.

나는 필라델피아에서 유명한 이비인후과 병원의 문을 들어선 적이 있다. 그런데 그 의사는 내 편도선을 보기도 전에 직업을 물었다. 그는 내 편도선의 증세보다도 호주머니 사정에 관심이 있었던 것이다. 사람을 구제하는 것보다도 돈벌이에 더욱 흥미를 가지고 있었다. 그 결과 그는 그만큼 손해를 보았다. 두말할 것도 없이 나는 그의 인격을 경멸해 그대로 돌아와 버렸기 때문이다.

세상에는 이러한 사리사욕에 눈이 어두운 인간이 들끓고 있다. 그러니까 자기보다도 타인을 위해 봉사하려고 하는 소수의 사람들에게 있어서 세상은 기가 막히게 유리하게 되어 있다. 말하자면 경쟁자가 거의 없는 셈이다.

"타인의 입장에 설 수가 있고, 타인의 마음의 움직임을 이해할 수 있는 사람은 장래를 걱정할 필요는 없다."

이것은 오웬 영의 말이다.

이 책을 읽고 '항상 상대의 입장에 자기를 두고 상대의 입장에서 사물을 보고 생각하라.'는, 오직 한 가지 일만을 배울 수가 있다면 성공으로 가는 첫 발자국은 이미 내디딘 것이나 다름없다.

일찍이 나는 뉴저지 뉴와크에 있는 커리어 냉난방기 제조회사에

'화술'을 강의하러 간 일이 있었다.

　수강자는 대학을 갓 졸업한 신입사원들뿐이었다. 강의가 막 끝나자마자 수강자 중 한 사람이 동료를 권유해서 농구를 하자고 했다.

　그는 여러 사람을 향해 이렇게 말했다.

　"우리, 같이 농구를 하면 어떨까? 나는 농구에 흥미가 있어서 몇 번인가 체육관에 나가 보았으나 항상 사람 수가 부족해서 게임을 할 수가 없었어. 지난번에는 2~3명밖에 없어서 볼 던지기를 하고 있는 동안에 볼에 얻어맞아서 혼이 난 일이 있었어. 내일 밤은 여러분이 꼭 와주기를 바란다. 나는 농구를 하고 싶어서 견딜 수가 없어."

　그는 상대가 농구를 하고 싶어 하든 말든 그것에는 한 마디 말도 하지 않았다. 아무도 가지 않는 체육관에는 아무도 가고 싶지 않은 것이 정한 이치이다. 그가 아무리 하고 싶어도 그것은 다른 사람이 아랑곳할 일이 아니다. 그런데 일부러 그곳으로 가서 볼에 얻어맞고 곤란한 봉변을 당하고 싶은 사람이 어디 있겠는가?

　그는 표현을 달리 할 수도 있었을 것이다.

　농구를 하게 되면 어떤 이익이 있다든가, 힘이 난다든가, 식욕이 왕성해진다든가, 머리가 맑아진다든가, 아주 재미있다든가, 이익은 얼마든지 있을 것이다.

　여기서 오버스트리트 교수의 말을 거듭 되새겨 보자.

　"인간의 행동은 마음속의 욕구에서 생긴다. 그러므로 사람을 움직이는 최선의 방법은 우선 먼저 상대의 마음속에 강렬한 욕구를 일으키게 하는 것이다. 이것을 할 수 있는 사람은 만인의 지지를 얻는 것에 성공하고, 할 수 없는 사람은 한 사람의 지지자도 얻는 데 실패한다."

상대의 마음속에 강한 욕구를 일으키게 하는 것

내 강연회에 참가한 어떤 수강생의 이야기인데 그는 항상 자기의 어린 자식의 일을 염려하고 있었다. 그 아이는 심한 편식을 하기 때문에 매우 야위어 있었다. 세상의 부모가 다 그러하듯이 그와 아내는 둘이서 항상 나무라기만 하고 있었다.

"엄마는 네가 이것을 먹어 주면 좋겠다."

"아빠는 네 몸이 건강하기를 원하고 있어."

이런 말만을 듣고 이 아이가 부모의 소망을 들어 주게 된다면 오히려 그것이 더 이상스럽다.

30세의 아버지가 생각하는 방식을 세 살짜리 아이에게 납득시키려고 하는 것은 무리가 있다는 것쯤은 누구나 다 잘 알고 있다. 그럼에도 불구하고 그는 어리석게도 무리하게 밀고 나가려고 한 것이다. 그 바보스런 정도에, 그도 겨우 깨닫고 이렇게 생각해 보았다.

'도대체 저 아이는 무엇을 가장 원하고 있을까. 어떻게 하면 저 아이의 소원과 내 소원을 일치시킬 수가 있을까?'

이렇게 생각하자, 그는 의외로 해결책을 손쉽게 찾을 수 있었다.

생각하면 곧 해결책이 나올 수 있는 것이다. 아이는 세발자전거를 가지고 있으며 그것을 타고 집 앞의 아스팔트 위에서 노는 것을 좋아했다. 그런데 이웃에 아주 말썽꾸러기 개구쟁이가 있어서 그 녀석

이 세발자전거를 뺏어가지고 자기 것인 듯 타고 다녔다.

자전거를 빼앗긴 아이는 울음보를 터뜨리고 어머니에게로 달려온다. 어머니는 급히 뛰어나가서 세발자전거를 도로 찾아온다. 이러한 일이 거의 매일같이 되풀이되었다.

그렇다면 이 아이는 무엇을 가장 원하고 있을까?

셜록 홈스를 들먹일 필요도 없이 생각해 보면 즉각 알 수가 있다. 그의 자존심과 노여움, 그리고 자기의 중요성, 이러한 마음의 강렬한 감정이 그를 움직여서 그 개구쟁이 악동을 언젠가는 앙갚음하겠다는 굳은 결심을 하게 되었다.

"엄마가 먹으라는 것을 무엇이든지 먹기만 하면 곧 너도 그 애보다 강해질 수 있을 거야."

이 말 한 마디로 아이의 편식 문제는 당장 해소되고 말았다.

그 아이는 이웃집 개구쟁이를 이기기 위한 마음에 무엇이든지 먹게 되었다.

편식의 문제가 처리되자 그 아버지는 또 다음 문제에 부딪히게 되었다. 이 아이의 또 한 가지 골칫거리는 밤에 오줌 싸는 버릇이었다.

이 아이는 항상 할머니와 함께 자고 있었으나 아침이 되면 할머니가 '또 오줌 쌌구나…….' 하고 나무랐다. 아이는 그것을 완강히 부정하며 오줌을 싼 것은 할머니 쪽이라고 말했다.

그때마다 어르고 달래고 타일러도 전혀 효과가 없었다. 그래서 그 부부는 밤에 오줌을 싸지 않게끔 생각하는 방법을 연구해 보았다.

아이는 무엇을 원하고 있는가?

첫째는 할머니가 입고 있는 잠옷이 아니고 아버지와 같이 파자마를 입고 싶어 하고 있다. 할머니는 손자의 나쁜 버릇에 진력이 나 있었기 때문에 그것을 고칠 수만 있다면 파자마를 사주어도 좋다고 제의했다.

다음에 아이가 소원하고 있는 것은 자기 전용의 침대였다. 이것에도 할머니는 이의가 없었다.

그래서 어머니는 아이를 데리고 백화점으로 갔다.

"이 애가 무엇인가 사고 싶은 물건이 있대요."

여자 판매원에게 눈짓을 하면서 그렇게 말하자 판매원 아가씨도 알아차리고 친절하게 대했다.

"어서 오세요. 무엇을 살려고 해요, 어린이께서는?"

판매원의 친절에 자기의 중요한 욕구를 충족하게 된 그 아이는 아주 의젓한 만족감에 대답을 했다.

"내가 쓸 침대를 사고 싶단 말이야."

엄마로부터 눈짓을 받은 판매원의 권유에 따라서 결국 그는 자기가 필요한 침대를 사고 그 침대는 그 다음 날 집으로 운반되었다. 저녁에 아버지가 돌아오자 그 아이는 부리나케 현관으로 뛰어나갔다.

"아빠, 빨리 이층으로 가서 내가 산 침대를 봐주세요!"

아버지는 그 침대를 쳐다보면서 아낌없이 칭찬을 해주었다.

"이 침대에서 오줌 싸지 않겠지?"

아버지가 그렇게 말하자 그 아이는 결코 오줌을 싸지 않겠다는 약속과 함께 사실 그 후로는 오줌을 싸지 않았다.

자존심이 약속을 지키게 한 것이다.

자기의 침대이며 더구나 그가 자기 혼자서 골라 사온 침대이다. 어른과 같이 파자마도 입고 있다. 어른과 같이 행동하고 싶은 것이다. 그리고 그대로 행동을 취한 것이다.

또 하나의 예를 들어보자.

'다치만'이라고 하는 전화 기술자이며, 내 강연회에 참가하는 사람이 있었다. 그도 역시 세 살짜리 딸이 아침을 먹지 않아 애를 먹고 있었다.

어르고 타일러도 전혀 효과가 없었다. 그래서 도대체 어떻게 하면 딸이 아침식사를 먹고 싶어 할까 생각을 해보았다.

그 아이는 엄마 흉내를 내는 것을 좋아했다. 엄마 흉내를 내면 어른이 된 것과 같은 마음이 되는 모양이다.

그래서 어느 날 아침, 이 아이에게 아침식사 준비를 시켜 보았다. 그녀가 요리의 흉내를 내고 있는 도중에 적당한 시간을 두고서 아빠가 부엌을 들여다보니 그 아이는 기쁜 듯이 소리쳤다.

"아빠, 이것 봐요. 내가 아침식사를 만들고 있어요!"

그날 아침 그 아이는 오토밀을 두 접시나 먹어치웠다. 아침식사를 만드는 것에 흥미를 갖게 되었기 때문이다. 그 아이는 자기의 중요한 욕구를 만족시킨 것이다. 아침식사를 만듦으로써 자기표현의 방법을 발견하게 되었다.

"자기표현은 인간의 중요한 욕구의 일종이다."

이것은 윌리엄 윈터의 말이지만 우리는 이 심리를 어떤 일에나 응용할 수가 있다.

어떤 놀라운 아이디어가 떠올랐을 경우에 그 아이디어를 상대에게 지각하도록 시키고 그것을 자유롭게 요리를 시켜보면 어떨까. 상대는 그것을 자기의 것으로 생각하고 두 접시의 분량을 먹어치울 것이다.

다시 한 번 오버스트리트 교수의 말을 음미해 보자.

"인간의 행동은 마음속의 욕구에서 생긴다. 그러므로 사람을 움직이는 최선의 방법은, 먼저 상대의 마음속에 강한 욕구를 일으키게 하는 것이다. 이것을 할 수 있는 사람은 만인의 지지를 얻는 데 성공할 것이고, 그것을 하지 못하는 사람은 한 사람의 지지자를 얻는 데도 실패할 것이다."

이 책을 읽는 독자는 누구나 이 말을 잘 기억해 두기를 바란다.

4
듣는 입장이 되어야 한다

어떤 아첨도 이보다 더 나은 효과는 없다

지체 높은 사람은 대개 얘기를 잘하는 사람보다도 잘 듣는 사람을 좋아한다. 그러나 남의 말을 경청하는 재능은 다른 어떤 재능보다도 훨씬 얻기가 힘들다.

얼마 전의 일이다. 나는 어떤 브리지 모임에 초대된 적이 있었다. 실은 나는 브리지 놀이를 하지 않는다.

그런데 마침 또 한 사람, 나와 같이 브리지를 하지 않는 금발 부인이 와 있었다.

나는 로웰 토마스가 라디오에 나와서 유명하게 되기 전에 그의 매니저를 하고 있었으며, 그의 그림이 들어 있는 여행기 준비를 위해 둘이서 널리 유럽을 여행한 일이 있었다.

그런데 그 부인은 내게 그 이야기를 해달라고 했다.

"카네기 선생님, 당신이 여행한 멋진 장소와 그곳의 아름다운 경치에 대해 얘기해 주세요."

그녀는 내 옆에 앉으며 최근, 남편과 함께 아프리카의 여행에서 막 돌아온 직후라고 말했다.

"아프리카!"

나는 커다란 소리를 내질렀다.

"아프리카를 여행하셨다고요? 저도 이전에 꼭 한 번 가보고 싶다고 생각했었죠. 저는 알제리에 불과 24시간밖에 있지 않았으며 아프리카의 일은 그것밖에는 아무것도 모릅니다. 부인, 부인은 맹수가 있는 지방에도 가 보셨겠네요? 그것 참 좋았겠군요? 정말 부럽습니다. 제 유럽 여행 이야기보다 어디 아프리카의 이야기를 들려주십시오."

그녀는 꼭 45분 동안 아프리카의 이야기를 들려주었다. 그리고는 내 여행담을 들려달라고는 두 번 다시 말하지 않았다. 그녀가 희망하고 있었던 것은 자기의 얘기에 귀를 기울여달라는, 자기를 만족시켜 주는, 열성 있게 듣는 이를 원했던 것이다.

그녀는 변덕스러운 것일까? 아니 그렇지는 않다. 지극히 보통이다. 가령 이런 일이 있었다.

어느 날 나는 뉴욕의 출판업자 J. W 그린바아 주최의 만찬회 석상에서 어떤 유명한 식물학자를 만났다. 나는 지금까지 식물학자와는 한 번도 이야기를 나눈 적이 없었다. 그래서인지 나는 그의 이야기에 아주 매혹되고 말았다.

회교도들이 마취에 사용하는 인도 대마의 이야기, 식물의 새로운 품종을 수없이 만들어낸 루사 바뱅그의 이야기, 그 밖에 실내 정원이나 고구마 등에 관한 이야기를 듣고 있는 동안에 나는 문자 그대로 넋이 나간 사람처럼 멍해 있었다.

우리 집에는 작은 실내 정원이 하나 있어서 나는 실내 정원에 관한 의문을 두세 가지고 있었으나 그의 이야기를 듣고 나니 그 의문이 시원스럽게 풀려나갔다.

만찬회에는 우리 외에도 몇 명의 정도의 손님이 더 있었지만 나는 무례한 것도 생각할 여지도 없이 다른 손님들을 무시하고 몇 시간이나 그 식물학자와 이야기를 나누었다.

밤이 깊어 나는 그들과 헤어졌다. 그때 식물학자는 그 집의 주인을 향해서 나를 적극 칭찬해 주었다.

"카네기 씨는 정말 이야기꾼이더군요."

내가 이야기꾼이라니? 그 말은 당황스러웠다. 그때 나는 실제로 거의 아무 말도 하지 않았던 것이다. 말을 하려 해도 식물학에 관해서는 전혀 무지했으며 화제라도 바꾸지 않는 한 내게는 할 얘기가 없었다. 하긴 말하는 대신에 듣는 것만은 분명히 진심이 되어 있었다. 진심으로 재미가 있다고 생각하고 성심성의껏 들어주었고, 적절한 질문도 아끼지 않았다. 바로 그 점이 상대방을 기분 좋게 했던 것이다. 따라서 상대는 기뻤던 것이다.

이러한 듣는 법은 우리가 누구에게나 줄 수 있는 최고의 찬사인 것이다.

"어떤 칭찬의 말에도, 어리둥절하지 않는 사람이라도 자기의 이야기에 마음을 빼앗기고 있는 상대방에게는 마음이 흔들린다.”

이 말은 잭 우드포드의 말이지만, 나는 이야기에 마음을 빼앗겼을 뿐만 아니라 아낌없이 찬사를 주었다.

“이야기를 듣고 매우 즐거웠습니다. 정말 얻은 점이 많이 있었습니다.”

“저도 선생님 정도로 지식이 있었으면 좋다고 생각합니다.”

“선생님의 친구가 되어서 들판을 마냥 돌아다니고 싶습니다.”

“꼭 다시 한 번 만나보고 싶다고 생각합니다.”

나는 이러한 찬사를 입에 담았으나 그 모두가 마음속에서 우러나온 말이었다.

그러니까 실제로는 단지 그의 이야기를 진지하게 들어준 것이 그가 나에 대해 “이야기꾼”이라는 찬사를 하게끔 만든 것이다.

상담의 비결에 대해서 하버드 대학의 총장을 지낸 찰스 엘리엇 박사는 이렇게 말하고 있다.

“상담에는 별다른 비결 같은 것은 없다. …… 다만 상대의 이야기에 귀를 기울이는 것이 중요하다. 어떤 아첨도 이보다 더 나은 효과는 없다.”

이것은 누구나 다 알고 있는 이야기다. 그런데도 많은 임금을 지불하고 점포를 빌려서 상품을 요령 있게 구입해 쇼윈도와 선전 광고 등 많은 돈을 지출하면서도 상대의 말에 성실히 귀 기울이지 못하고, 센스 없는 사람을 고용하는 업주가 얼마든지 있다.

손님의 이야기를 중간에 잘라버리고, 손님의 말에 역정을 내고,

화나게 하는 등 손님을 내쫓는 일과 같은 것을 하는 직원을 채용하는 우를 범하고 있는 것이다.

예를 들면 이런 이야기가 있다. 이것은 J. C 우튼이라는 사람의 경험담으로 내 강연회에서 발표된 내용이다.

그는 뉴저지주의 어떤 백화점에서 와이셔츠를 한 벌을 사가지고 돌아갔다. 집에 돌아와서 입어보니 염색이 퇴색되고, 깃에는 때가 묻어 있었다.

실망한 그는 와이셔츠를 가지고 다시 그 백화점으로 가니 마침 구매 당시의 직원이 있어서 사정을 얘기했다. 그러자 그 직원은 대뜸 이렇게 말하는 것이었다.

"우리는 이 와이셔츠를 지금까지 몇천 벌을 팔았습니다만 말썽을 일으킨 사람은 손님이 처음입니다."

이 직원의 말을 글로 표현하니 이렇지만 그 말투는 마치 '거짓말 하지 마시오! 당신 같은 인간에게 속아 넘어갈 줄 알아.'라고 비난하는 것과 다름없었다.

화가 난 우튼 씨는 직원과 실랑이를 벌였다. 그 도중에 다른 직원이 입을 열었다.

"싼 게 비지떡이지요. 검은 옷은 모두 처음에는 색깔이 풀어집니다. 이 값으로는 어쩔 수가 없습니다. 염료가 나빠서 그렇습니다."

"이렇게 되니 나는 더 참을 수가 없어졌습니다."

우튼 씨는 그때의 사정을 다음과 같이 말했다.

"최초의 직원은 제 정직성을 의심했습니다. 다음의 직원은 제가 마치 싼 물건을 산 것처럼 말하고 있습니다. 저는 가슴속이 부글부글 들끓었습니다. 그리하여 그들에게 옷을 내동댕이치려고 하는 차에 지배인이 왔습니다. 그런데 과연 지배인은 장사의 요령을 터득하고 있어서 제 심정을 잘 마무리 지어 주었습니다. 미쳐 날뛰고 있던 인간을 만족한 손님으로 뒤바꾸어 놓았습니다. 그가 사용한 방법은 다음의 세 가지였습니다.

첫째, 그는 제 이야기를 처음부터 끝까지 말없이 들어 주었습니다.

둘째, 제 이야기가 끝나자, 다시 한꺼번에 소리 지르려는 직원들을 만류하고, 저와 같은 손님의 입장에서 그들과 시비를 하였습니다. 칼라의 때 묻은 곳은 분명히 옷의 색깔이 바래져서 그렇다고 지적했을 뿐만 아니라 손님에게 만족을 줄 수 없는 이러한 물건은 이후 절대로 이 점포에서 팔아서는 안 된다고 타일렀습니다.

셋째, 이 옷에 결함이 있었다는 것을 모르고 있었던 자기의 잘못을 사과하고 솔직하게 '이 옷을 어떻게 하겠습니까? 우리는 선생님이 요구하시는 대로 하겠습니다.'라고 말했습니다.

저는 이렇게 되자 방금까지 밉살스러운 옷을 되돌려 주고 싶었으나, 저는 '지배인님에게 물어 보겠습니다만, 색깔이 변해지는 것은 일시적입니까, 아니면 이를 방지할 방법이 있다면 가르쳐 주실 수 없겠습니까?'라고 했습니다.

그러자 그는 일주일만 더 입어보시면 어떻겠냐고 권유하며 말을 이었습니다.

'만약 그래도 마음에 들지 않으시면 언제라도 오십시오. 마음에 드시는 것과 바꿔드리겠습니다. 폐를 끼쳐 죄송합니다. 뭐라 사과드려야 할지 모르겠습니다.'

저는 아주 마음이 개운해져서 집으로 돌아왔습니다. 일주일 후에는 색깔도 변해지지 않았고 그 백화점에 대한 제 신뢰도 원상태로 회복되었습니다."

그 백화점의 지배인은 역시 지배인이 될 만한 자격을 갖추고 있었다. 그와는 달리 이 직원들이 문제인데 이 친구들은 평생 평범한 직원으로 끝날 것이다. 아니, 필경은 손님과 얼굴을 상대하지 않는 포장부로 배치될 것이다.

끝까지 들어주어야 한다

사소한 일에도 성미를 돋우어 잔소리를 하는 사람이 있다. 그중에는 악질의 경우도 있지만 그러한 악질의 경우라도 참을성 있게 귀담아 상대의 얘기에 귀를 기울이는 사람이나, 아무리 성질을 부려도, 코브라와 같이 독을 품어도 조용히 끝까지 귀를 기울여 주는 사람에 대해서는 대개 유순해지는 법이다.

몇 해 전의 일이지만 이런 일이 있었다.

뉴욕 전화국의 교환원을 울리는 전화 가입자가 있었다.

그는 교환원들에게 차마 듣기 힘든 온갖 욕설과 폭언을 퍼붓는 것이었다. 그뿐만 아니라 수화기의 타일 선을 뜯어내버리겠다고 위협

하거나, 청구서가 틀려 있다고 요금을 지불하지 않거나, 신문에 투서를 하거나, 그리고 끝내는 공익사업 위원회에 진정을 들이 밀거나 전화국을 상대로 소송을 제기하는 등 몹시 까다로운 사람이 있었다.

전화국에서는 마침내 국내에서 가장 분쟁 해결의 솜씨가 능란한 사람으로 하여금 이 말썽꾸러기 인물을 만나게 했다. 그 직원은 상대가 마음껏 울분을 터뜨리도록 하고 그의 주장을 열심히 잘 귀담아 들어주며, 하긴 그것도 그럴 듯하다는 동정을 표시하기도 했다.

그 일에 관해서 그 직원은 다음과 같이 말하고 있다.

"처음 방문했을 때, 그가 냅다 고함을 지르는 것을 세 시간 가까이 참고 들어 주었습니다. 그 다음에 갔을 때도 역시 같은 식으로 그의 주장에 귀를 기울였습니다. 결국 전부 네 번 만나러 갔습니다.

네 번째의 회담이 끝날 때는 그가 설립을 계획하고 있는 모임의 발기인이 되어 있었습니다. 그 회의 명칭은 전화 가입자 보호협회라고 하는 것입니다만 현재에도 제가 아는 한에 있어서는 그 남자 이외에 회원은 저 혼자밖에 없는 것 같습니다.

저는 상대의 주장을 시종일관 상대의 입장이 되어서 들어 주었습니다. 전화국 직원이 이러한 태도를 취하는 것을 그는 처음 당하는 일로써 저를 나중에는 마치 친구와 같이 대했습니다.

그와는 네 번 만났습니다만 저는 그를 방문한 목적에 대해서는 한 마디도 언급하지 않았습니다. 그러나 네 번째는 목적이 완전히 달성되었습니다. 체납되어 있던 전화료도 모두 지불했으며 위원회 제소도 취하해 주었습니다."

이 말썽의 주인공은 가혹한 착취에서 공민권을 방위하는 전사로서 자처하고 있었음에 틀림없다. 그러나 실상은 자기의 중요성을 나타내고 싶었던 것이다. 자기의 중요성을 얻기 위해서 그는 전화국을 상대로 문제를 제기했는데 이제 그것이 채워지자 그가 드러낸 불평은 그 자리에서 자취를 감추고 사라져 버렸던 것이다.

또 다른 예가 있다.

세계적으로 유수한 데트마 모직물 회사에 창립 후 아직 얼마 지나지 않았을 무렵, 초대의 사장 줄리앙 F. 데트마의 사무실에 고객이 뛰어들어 소란을 피웠다.

데트마 사장은 그때의 상황을 다음과 같이 말해주었다.

"데트마의 거래처인 그 손님에게는 15달러의 판매대금 미수금이 남아 있었습니다. 그러나 그 사람은 그럴 리가 없다고 우기며 말을 듣지 않았습니다. 우리 쪽은 절대로 틀림이 없다는 자신이 있었기 때문에 재삼 독촉장을 보냈습니다. 그러자 그는 화를 내며 지불은커녕 이후는 다시 데트마 회사와는 거래를 하지 않겠다고 잘라 말했습니다.

나는 그의 얘기를 조용히 참고 들었습니다. 그의 말 도중에 몇 번이나 말대꾸를 하려고 생각했으나 그것은 상책이 아니라고 고쳐 생각하고, 말하고 싶은 얘기를 끝까지 들어 주었습니다. 말할 만큼 털어내 버리고 나서 그는 흥분도 가라앉고 이쪽의 얘기도 들어줄 듯이 생각되었습니다.

그 기회를 엿보고 나는 조용히 입을 열었습니다.

'일부러 시카고까지 와주셔서 뭐라고 사례를 드려야 할지 모르겠습니다. 정말 좋은 말씀을 많이 들었습니다. 관계 직원이 그러한 폐를 끼쳐드렸다면 또 다른 손님에게도 폐를 끼치고 있을지 모르겠습니다. 그렇다면 사장님이 오시지 않더라도 우리 쪽에서 찾아가 뵈어야 할 일이었습니다.'

이렇게 내가 인사를 드리리라고는 그는 미처 생각하지 못했을 것입니다. 나를 골탕 먹이기 위해서 일부러 그는 시카고까지 찾아왔는데 오히려 감사드린다고 하니 다소 맥이 빠졌을지도 모를 일입니다. 나는 이어서 다시 이렇게 말했습니다.

'저희 직원이 수많은 거래처의 계산서를 취급하게 됩니다. 그런데 사장님은 정직한 분이시군요. 계산서는 저희들에게서 오는 것만 유의하고 계시면 되니까 아마 잘못은 저희 쪽에 있는 듯합니다. 15달러의 문제는 취소하기로 하겠습니다.'

나는 그의 심정을 잘 알았으며, 만약 내가 사장님이라도 역시 그렇게 했을 것이라고 말했습니다. 그는 이미 우리 회사와는 거래하지 않겠다고 말했으니까 나로서는 그에게 다른 회사를 추천하기로 했습니다.

이전부터 그가 시카고로 오면 항상 점심을 함께 먹었기 때문에 그날도 나는 함께 점심을 하자고 권했습니다. 그는 마지못해 나를 따라왔으나 점심을 마치고 사무실까지 함께 돌아오자 지금까지 사간 것보다 다량의 물건을 나에게 주문했습니다.

　마음을 돌려서 돌아간 그는 그때까지의 태도를 바꾸어서 한 번 더 서류함을 조사한 후, 잘못 두고 잊어버렸던 문제의 우리 쪽 청구서를 발견하고 사과의 글과 함께 15달러의 수표를 동봉해왔습니다.

　그 후, 그의 집에서 득남을 하자 아기의 이름을 '데트마'라고 붙였다고 합니다. 그리고 그는 죽을 때까지 22년 동안 우리의 좋은 벗이며 좋은 고객으로 기억되었습니다."

　'리더스 다이제스트'지에 언젠가 다음과 같은 기사가 실려 있었다.

《이 세상에는 자기의 이야기를 들어 주기를 원하기 때문에 의사를 부르는 환자가 있다.》

　남북전쟁의 막바지에 링컨은 고향의 옛 친구에게 편지를 보내어 워싱턴으로 와달라고 말했다. 중요한 문제에 관해서 상의를 하고 싶다는 것이었다.

　그 친구가 백악관에 도착하자 링컨은 〈노예 해방 선언〉을 발표하는 것이 과연 선책인지 어떤지를 수 시간에 걸쳐서 얘기했다. 자기의 의견을 마저 진술하고 나서 이번에는 투서된 신문 기사를 읽었다. 어떤 사람은 해방에 반대하고 어떤 사람은 찬성하고 있었다.

　이리하여 수 시간의 이야기가 끝나자 링컨은 친구와 악수를 나누고 그의 의견은 한 마디도 듣지 않고 돌려보냈다. 처음부터 끝까지 링컨은 혼자서 지껄이고 있었으나 그래도 마음이 썩 개운한 모양이었다.

그 친구도 링컨이 할 말을 다하고 나자 퍽 마음이 편해진 것 같다고 훗날 얘기하고 있다. 링컨에게는 상대의 의견을 들을 필요는 없었던 것이다. 다만 마음의 부담을 덜어 주는 사람이 필요했음에 틀림없다.

마음에 괴로움이 있을 때는 누구나 그렇다.

화를 내고 있는 손님, 불평을 품고 있는 고용인, 상심하고 있는 친구 등에게는 성실하게 자신의 이야기를 들어줄 줄 아는 사람이 필요한 것이다.

콜롬비아 대학 총장인 니콜라스 M. 바틀리 박사는 이렇게 말하고 있다.

"자기의 일밖에 생각하지 않는 인간은 교양이 없는 인간이다. 비록 아무리 교육을 많이 받았다 하더라도 교양이 전혀 몸에 붙지 않는 사람이다."

좋은 이야기꾼이 되려면 좋은 듣는 귀를 가져야 한다.

찰즈 N. 리 부인은 이 뜻을 다음과 같이 말했다.

"상대방으로 하여금 흥미를 갖게 하려면, 먼저 이쪽이 흥미를 가져야 합니다."

그러므로 상대가 기쁜 마음으로 기꺼이 대답할 수 있는 그러한 질문을 하는 일이다. 상대방 자신의 일이나, 자랑으로 삼고 있는 일에 대해 질문하면, 상대는 거침없이 자신의 이야기를 할 것이다.

당신의 얘기 상대는 당신의 일에 대해서는 사실 별로 관심이 없다. 바로 이 점을 명심해야 한다.

어떤 나라에서 백만 명이 굶어죽는 대기근이 일어난다 해도, 인간 개개인에게는 자신을 고통으로 몰아넣고 있는 자신의 치통이 훨씬 중요한 사건이다. 자신의 목에 생긴 부스럼이 아프리카에서 일어난 지진 40번보다 더 큰 관심사이다.

사람과 이야기할 때는 이 일을 잘 생각해 주기를 바란다.

5
상대방의 관심을 파악해야 한다

내가 만약 상대방의 관심이 무엇인지를 모르고 그의 흥미를 불러 일으키지 않았다면 그가 그렇게 쉽게 우리에게 접근할 수 없었을 것이다.

오이스타 베이의 관저로 루스벨트 대통령을 방문한 사람이라면 누구나 그의 해박한 지식에 놀랐을 것이다.

"루스벨트는 상대가 카우보이든, 의용 기병대원이든 혹은 정치가, 외교관 그 밖에 누구든지 그 사람에게 적합한 화제를 풍부하게 간직하고 있다."

이는 마리엘 브래드포드의 말이다.

루스벨트는 누가 찾아오는 사람이 있다는 것을 알면, 그 사람이 특히 좋아하거나 흥미를 가질 만한 문제에 관해서 전날 밤 늦게까지 여러모로 연구를 해두었다고 한다.

루스벨트도 다른 지도자들과 같이 사람의 마음을 사로잡는 지름 길은 상대가 가장 깊은 관심을 가지고 있는 문제를 화제로 삼는 일 이라는 것을 알고 있었던 것이다.

예일 대학의 전 문학부 교수 윌리엄 라이언 펠프스는 어릴 적에 이미 이 일을 알고 있었다. 그는 '인간성에 관해서'라는 제목의 논문 속에서 이렇게 쓰고 있다.

나는 여덟 살 적에 어느 주말 스트래드 포드에 있는 린제이 숙모 의 집에 놀러간 일이 있었다. 저물녘에 중년의 남자 손님이 찾아와 서 한동안 숙모와 흥겹게 얘기를 주고받고 있었으나 얼마 후 나를 상대로 열심히 이야기를 시작했다. 그 무렵 나는 보트에 열중하고 있었는데 그 사람의 이야기는 완전히 내 마음을 사로잡았다. 그 사 람이 돌아가자 나는 열심히 숙모에게 그 사람을 칭찬했다.

"정말 멋있는 사람이야! 보트를 그렇게 좋아하는 사람은 처음 보 았어요."

그러자 숙모는 '그 손님은 변호사야. 보트에 대해서는 별로 아는 것이 없을 텐데…….' 하고 고개를 갸웃했다.

"그럼 왜 보트 얘기만을 했어요?"

"그건 그분이 신사이니까, 네가 보트에 정신이 팔려 있는 것을 알 아보고 너를 기쁘게 해주려고 기분 좋게 너의 상대가 되어 준 거야."

펠프스 교수는 숙모의 이야기를 결코 잊어버릴 수 없다고 썼다.

현재 보이스카우트의 일로 활약하고 있는 에드워드 L. 차리프에게서 온 편지를 소개하겠다.

어느 날 저는 다른 사람의 도움에 의지하지 않고는 어쩔 수 없는 문제와 맞부딪치고 있었습니다. 유럽에서 행해지는 스카우트 대회가 눈앞에 다가와 있었으며 그 대회에 대표 소년을 한 사람 출석시키고 싶었습니다만 그 비용을 어느 회사의 회장님이 기부해 주었으면 하고 생각했습니다.

그 회장님을 만나러 가기 직전, 제 입장에 도움이 되는 좋은 얘기를 들었습니다. 그것은 그 기업체의 회장님이 백만 달러짜리 수표를 끊은 뒤, 이제는 지불이 끝난 그 수표를 액자에 넣어서 장식하고 있다는 얘기입니다.

저는 회장실에 들어서자마자 우선 그 수표를 보여 달라고 부탁했습니다. '1백만 달러의 수표! 그러한 큰 금액의 수표를 실제로 보고 왔다는 이야기를 스카우트의 아이들에게 들려주고 싶다.'고 저는 말했습니다. 그 회장님은 기뻐하며 그 수표를 보여 주었습니다. 저는 감탄을 하면서 그 수표를 끊기 시작하게 된 동기를 자상하게 들려 줄 것을 부탁했습니다.

독자들도 눈치 챘겠지만 차리프 씨는 보이스카우트나 유럽의 스카우트 대회 혹은 그의 희망 같은 것에 대해서는 일체 언급하지 않고 있었다. 다만 상대가 관심을 가지고 있는 일에 대해서만 얘기했다. 그 결과는 다음과 같이 되었다.

　　그 회장님은 중간에 '그런데 당신의 용건은 무엇이었죠?'라고 제게
물었습니다. 그래서 저는 비로소 용건을 꺼내었습니다.

　　그런데 놀랍게도 회장님은 제 부탁을 즉석에서 수락했을 뿐만 아
니라 이쪽에서 예기치 않았던 일까지 자청해 주었습니다. 저는 소년
단원, 대표의 소년을 한 사람만 보내도록 부탁했습니다만 회장님은
다섯 명의 소년과 동시에 저도 함께 보내 주었습니다. 천　달러의 신
용장을 건네주었으며 7주간을 머물렀다가 돌아오도록 말했습니다.

　　그 밖에 그분은 유럽의 지점장에게 소개장을 써서 우리의 편의를
도모하도록 부탁했습니다.

　　그리고 그 자신은 우리들과 파리에서 만나 친절히 파리 안내까지
해주셨습니다. 그 이후 그분은 우리 그룹의 뒤를 돌보며 가정이 곤
란한 단원에게는 직장을 구해준 일도 여러 번 있었습니다. 그렇지만
만약 제가 그분을 처음 만났을 때, 그분의 관심이 무엇인지를 모르고
그분의 흥미를 불러일으키지 않았다면 도무지 그분이 그렇게 쉽게
저희에게 접근할 수가 없었을 것입니다.

　　이 방법이 과연 비즈니스에도 응용이 될 수 있을지는 알 수 없지
만 일례로, 뉴욕 일류의 제빵회사 듀바노이 회사의 헨리 G. 듀바노
이 씨의 경우를 예로 들어보자.

　　듀바노이 씨는 이전부터 뉴욕에 있는 어느 한 호텔에 자기 회사의

빵을 팔려고 애를 태우고 있었다. 4년간을 매주 지배인에게 찾아갔고, 지배인이 출석하는 회합에 동석하곤 했다. 그리고 그 호텔의 손님이 되어서 체류해 보기도 했으나 그것도 헛수고였다.

듀바노이 씨는 그때의 상황을 다음과 같이 말하고 있다.

"그래서 나는 인간관계를 연구했습니다. 그리고 전술을 다시 세웠습니다. 이 사람이 무엇에 관심을 가지고 있는가. 즉 어떤 일에 열성을 기울이고 있는가를 조사하기 시작했습니다.

그 결과, 나는 그가 미국 호텔협회의 회원이라는 것을 알았습니다. 그것도 단순히 평회원이 아니라 그 협회의 회장이었으며, 국제 호텔협회의 회장도 겸하고 있었습니다. 협회의 대회가 어디서 열리든 간에 비행기를 타고, 들을 넘고 산을 넘어 반드시 출석하는 열성파였습니다.

그래서 다음 날, 나는 그를 만나서 협회의 이야기를 꺼내었습니다. 반응은 굉장한 것이었습니다. 그는 눈을 반짝거리며 30분가량 협회의 이야기를 해주었습니다. 협회에서 육성하는 것은 그에게 있어서 무상의 즐거움이며 정열의 원천이 되고 있는 듯했습니다.

그러면서 그는 내게도 입회를 권유했습니다.

그와 이야기를 하고 있는 동안에 나는 빵에 대해서는 조금도 비치지 않았습니다. 그런데 수일 후 호텔의 구매과에서 전화가 걸려 와서 내게 빵의 견본과 가격표를 가지고 오라는 것이었습니다.

호텔에 도착해 '당신이 어떤 수단을 썼는지는 모르겠지만 우리 지배인님께서는 당신이 매우 마음에 든 모양입니다.' 하며 구매담당이 내게 이야기를 했습니다.

생각해 보십시오. 그 사람과 거래를 트고 싶은 생각에 4년간이나 그 꽁무니를 쫓아다녔습니다. 만약에 그 사람이 무엇에 관심을 집중시키고 있는가, 어떤 화제를 좋아하는가를 찾아보는 요령을 모르고 있었다면 나는 아직도 그를 뒤쫓고 있을 것입니다."

제 **3** 장

성공의 비결

나는 내 일을 사랑한다.
오늘도 100% 힘차게 일에 임할 것이다.

1
궁극적인 성공은 무엇일까

행복이 없는 성공은 무가치하다

생의 궁극적 목표는 인간의 정신을 보다 좋은 방향으로 계발시키고 보다 훌륭하게 하는 것이다. 인간의 궁극적인 성공은 물질적인 결과에 있지 않다.

벤저민 프랭클린은 그의 생을 마치면서 다음과 같이 말했다.

"이 말은 나 자신에게 자주 사용하는 말이지만, 나는 내 생을 다시 한 번 살고 싶다. 내가 필요로 하는 것은 어떤 최초의 재판에서 잘못을 저질렀을지라도 두 번째 재판에서는 그것을 고치는 저자의 특권이어야 한다는 생각이다."

그것은 여러분이 삶을 사는 동안 잘못을 적게 저지르고 밝은 길을 가도록 그 방법을 제시하는 것이었다. 이 방법은 여러분에게 정말로 중요한, 즉 자부심·평화·만족·성취감의 길로 인도하는 것이다.

여러분은 지금까지 다음의 두 가지 중요한 문제를 알지 못했을지도 모른다.

그 첫째는 하느님께서 여러분에게 주신 재능과 여러분의 삶을 통해 얻은 지식을 결합, 열심히 노력한다면 반드시 원하는 성공과 부를 얻을 수 있다는 사실이다.

그리고 둘째는 행복이 없는 성공은 무가치한 것이라는 사실이다.

성공은 참으로 얻을 만한 가치가 있는 것인가? 이제 여러분이 이 문제에 답할 차례이다.

이제 여러분은 다음과 같이 자문을 해보자.

"만약 내가 여기서 들은 모든 교훈을 이용한다면 지금부터 5년 후에 나는 어느 위치에 있을 것인가?"

최근 한 신문에서 특이한 광고 하나를 보았다.

"여러분은 앞으로 43일 만에 여러분이 그토록 원하는 담배를 끊을 수 있다. 그러나 어떤 의지력도 필요하지 않다."

그것은 오늘날의 보편적인 현상을 나타내고 있다. 의지력은 이제 점점 무관심의 대상이 되고 있는 것이다. 21세기를 살고 있는 우리는 어떤 인간적이 아닌 것을 배우고 있다. 그래서 과거를 무시하고 미덕은 무용지물이 되어 버렸다.

성공에 대한 사고방식도 어떤 특수한 방법을 생각하고 그것만이 가치 있는 것으로 생각하고 '노력'이라든가 '의지력' 같은 미덕을 하찮은 것으로 생각한다. 근면·인내·철저함·성실함·영감, 또는 야망과 같은 것이 무시되고 있다.

그리하여 복잡한 세상, 야망에 불타는 젊은이가 많지 않다. 오히려 그러한 젊은이가 있으면 '지나치게 열심인 사람'으로 낙인이 찍히고, 그 '열심'을 잘못된 것으로 치부해 버린다.

몇 년 전 한 젊은이가 언론계에 투신하고자 뉴욕으로 왔다. 그는 뉴욕의 어느 잡지사에서 일자리를 구했다. 얼마 동안은 많은 발전을 해서 다른 사람들과 아주 잘 어울리고 또 그들로부터 칭찬을 듣기도 했다.

그런데 몇 달이 지나자 상황은 바뀌었다. 어느 날 그는 힘없이 말했다.

"해고당했습니다."

나는 납득이 가지 않았다. 그래서 그 이유를 물었고, 이유를 듣고 난 후 너무나 놀라 버렸다.

"너무 열심히 일한 것이 잘못이라면 잘못이지요."

그때 나는 그의 어깨를 두드리며 말했다.

"너무 염려하지 말게. 자네는 훌륭해. 아주 잘했어. 자네의 유일한 문제점이란 너무 열심히 일한다는 것이네."

오늘날처럼 평범한 보통의 노력이 칭찬받는 시대에는 열심히 일한다는 것이 인기가 없는 것은 너무 당연하다.

여러분은 지나치게 열심인 사람은 아니다. 평범하게 보통으로 일하고 있다. 성공이라는 낡은 이미지를 추구하기 위한 야망이 여러분에게는 없다. 과연 그런가?

그런데 성공을 비웃는 바로 그 사람들이 성공을 위해 필사적으로 노력을 하고 있다는 사실을 여러분은 모르고 있다. 참으로 아이러니컬한 얘기이다.

학생들이 성적을 올리기 위해 열심히 노력하는 것을 원하지 않는 교사도 있다. 그럼에도 불구하고 그 교육자는 매년 2천 달러의 과외 수입을 올릴 수 있는, 교육위원회의 감투를 쓰기 위해 온갖 노력을 다하고 있다.

현대 심리학을 배운 20대의 젊은 부부가 있다. 그들은 자신의 자녀들이 너무나 물질적으로 야심에 가득 차기를 원하지 않았다. 그러면서도 자녀들이 커서 좋은 결혼을 하고 으리으리한 저택에서 살 수 있기를 희망한다. 오늘날 40~50대의 부모들이 가진 소망과 별로 다를 바가 없는 것이다.

이와 같이 우리가 입으로 말하는 것과 실제의 생각과는 많은 거리가 있다. 물론 거기에는 그럴 만한 이유도 있다.

최근 몇십 년 동안 성공에 대한 지나친 강조는 참된 성공의 방향을 제대로 제시하지 못하고 있다. 오히려 성공에 대한 잘못된 생각만 심어주는 결과가 되었다. 우리는 어린아이를 목욕물과 함께 버리고 있다. 그러면서도 양자의 차이를 알지 못하고 있다.

물론 행복이 없는 성공은 잘못된 것임을 우리 모두 알고 있다. 참다운 성공의 법칙은 항상 불변이다. 그것은 좋은 법을 어기는 사람이 있다 할지라도 역시 좋은 법인 것과 같은 것이다.

성공 역시 때로 진실이 가려질 때가 있다. 하지만 성공은 믿을 만한 목표이다. 많은 사람들이 거짓에 속아서 참된 성공에 이르지 못할 뿐이다.

건강한 정신의 4가지 요소

미국의 심리협회가 한 세미나를 개최했다. 그 세미나의 주제는 건강한 정신이었다. 즉 '건강한 정신'이란 무엇인가에 대한 올바른 정의를 내리고자 했던 것이다.

그 세미나에서 캘리포니아 대학의 프랭크 바론 박사는 이렇게 정의를 내렸다.

"건강한 정신이란 다음 4가지 요소가 있어야 한다. 첫째 인격과 성실, 둘째 지성, 셋째 목표 설정의 능력과 그 목표를 향해 지속적으로 노력하는 능력, 넷째 현실 가능성을 판단하는 능력이다."

인간에게는 최선의 노력을 다하고 그것을 잘한 것에 대한 만족감을 느끼는 능력이 있다.

우리는 자신의 가치를 느끼고, 우리의 자존심을 성공한 직장에서의 능력이나 지위와 연결시키려고 한다. 아마 그러한 것이 없다면 우리 인류는 아직도 우마차를 타고 다니며, 지팡이를 짚고 동물 가죽을 입고 다녔을지도 모릅니다. 내적 만족은 성취감에 대한 보상이다. 바로 그것이 우리로 하여금 최선을 다하게 하는 에너지이다.

요즘은 보통 사람의 시대이다. 그것은 금세기 초 전쟁과 불황, 그리고 사회의 재편성에서 얻은 칭호이다. 그러나 남은 후반은 능력

있는 사람들이 우대를 받는 것이다. 능력은 사회적인 지위나 특권을 갖게 하는 요소이다. 그러나 부의 부속물은 아니다. 돈으로 살 수 있는 것도 아이다. 능력은 모든 인간이 태어날 때부터 갖고 있었던 것도 아니다. 지위가 높다고 해서 지위가 낮은 사람보다 더 능력이 많은 것도 아니다. 능력은 모든 사람에게 공평하게 주어진다.

인간은 성취하는 존재이다

우리는 지금까지 성공을 회피해 왔고, 실제로 우리 시대와 문명의 위기에 집착해 잘못 인식하고 있다.

우리는 민주주의를 평범한 것으로 잘못 생각하고 있다. 민주주의의 가장 멋진 부분을 상실해 가고 있다. 그리고 개개인에게 최선을 다할 수 있는 자유와 기회를 상실하고 얻을 수 있는 최선의 것을 얻지 못하고 있다. 아니 어쩌면 사실조차도 깨닫지 못하고 있다.

프랑스의 작가였으며 철학자인 앙드레 말로는 우리 시대의 새로운 척도로써 다음과 같은 말을 제시했다.

"인간은 성취하는 존재이다."

사실 성취감은 인생의 활력소가 되고 있다. 만약 우리가 진정으로 추구하고자 하는 목표를 선택하고 그 목표를 계속 밀고 나갈 만한 동기와 의욕을 불러일으킬 수 있다면 그것은 참된 성공이 될 것이다. 이 경우 그 목표는 우리 자신의 정직함과 올바른 생각에서 나온 것이어야 한다. 시인 칼 샌드버그는 이렇게 말했다.

"여러분은 자기 전에 이렇게 자문해 보자. '나는 아직 내 목표에 도달하지 못했다. 이제 나는 목표에 도달할 때까지 어느 정도나 불안하고 불행하게 될 것인가?' 여러분이 그 목표에 도달하고 나면 다른 목표를 찾으십시오."

그 말은 여러분의 인생에 있어서 좋은 길잡이가 되며, 성공을 위해 귀중한 조언이 될 것이다. 성공은 결코 배타적인 것이 아니다. 자신의 목표를 선택하고 그 목표를 계속 밀고 나가는 사람에게는 성공의 문이 열려 있다. 그런 확신을 가질 때 인간은 성장하고 거기에서 새로운 인격이 탄생된다.

생의 궁극적 목표는 인간의 정신을 보다 좋은 방향으로 계발시키고 보다 훌륭하게 하는 것이다. 인간의 궁극적인 성공은 물질적인 결과에 있지 않다. 왜냐하면 물질적인 것은 모래와 먼지 속에 묻히고 새로운 것이 다시 거기에 세워지기 때문이다.

그러면 뒤에 남는 것은 무엇이겠는가? 바로 올바른 인간의 정신 상태이다. 그것이 바로 핵심이다.

여러분은 자신의 생애에서 인간의 본질을 상실해서는 안 된다.

그 본질에서 태어나서 죽을 때까지 계속 마음속에서 영원히 존재하도록 노력해야 한다. 그리고 자문해보자.

'나는 부자인가? 나는 삶의 활력소가 되는 올바른 정신을 가지고 있는가? 나는 성공했는가? 나는 성공의 불길이 계속 타오르게 하고 있는가?'

2
하나의 목표를 달성했다면
곧바로 다음 목표를 세워야 한다

닉 알렉산더의 가장 큰 소망은 대학 교육을 받고 싶은 것이다.
그는 고아원에서 자랐다. 그 당시의 고아원 실정은 말이 아니
었다. 새벽 5시면 눈을 비비며 일어나서 해가 질 때까지 심한 중노
동을 해야 했고 식사는 형편없이 맛없는 것이나마 배불리 먹을 수가
없었다.

이런 환경 아래서도 닉은 총명한 소년이었으므로 열네 살 때는 이
미 고등학교 졸업 자격증을 딸 수 있었다. 그 후 그는 자기 스스로
생활을 하기 위해 곧 사회에 발을 들여 놓았다.

그에게 맨 처음 얻어걸린 직업이란 어느 조그만 양복점에 재봉공
이었다. 심하게 혹사만 당할 뿐 보수는 형편없는 일자리였다.

이렇듯 어려운 환경에도 굽히지 않고 닉은 무려 14년 동안이나 일
을 계속했다.

124

그러던 중 그 가게는 다른 가게와 합쳐지게 되었다.

덕분에 닉의 보수는 많아지고 근무 시간도 단축되었다. 닉에게 행운은 겹쳐 그는 좋은 신붓감을 골라 아내로 맞아들이게 되었다.

그녀는 대학 교육을 받고 싶어 하는 남편의 꿈을 실현시키는 데 협력을 아끼지 않았다. 그러나 그들 부부의 형편으로 그것이 그렇게 쉬운 문제는 아니었다.

두 사람이 결혼한 지 얼마 안 되었을 때의 일이다. 그 당시까지의 일에서 일단 손을 떼게 된 알렉산더 부부는 그때부터 다른 길을 모색해 한밑천 잡아 보려는 계획을 세웠다.

알렉산더 부부는 재산이라는 재산은 모조리 긁어모아서 '알렉산더 부동산 상사'를 창립했다. 아내인 테레사는 자금을 충당하기 위해 자신의 손가락에 끼고 있던 약혼반지까지 팔아야 할 정도로 그들 부부는 가난했다.

다행히도 그들의 사업은 순조롭게 잘되어 나갔다. 그로부터 2년 후에 아내는 남편에게 대학 교육을 받기 위해 다시 학교에 나가라고 제안했다.

이리하여 닉은 36세에 이르러 겨우 학위를 받을 수 있었다. 이로써 그의 첫 번째 목표는 일단 달성된 것이다.

학교를 졸업한 닉은 다시 사업에 전념해 부동산 매매업에 더욱 심혈을 기울였다. 아내도 사업상의 반려자로서 열심히 닉을 도운 것은 두말할 나위도 없다.

그들 부부는 이번에는 바닷가에 두 사람만의 보금자리를 마련하자는 계획을 세웠다. 일단 계획을 세운 닉 부부는 꾸준히 일을 추진해 나갔다. 이윽고 그 목표는 달성되었다. 그럼 그들은 그 정도에서 만족해 버린 것일까? 천만의 말씀이다. 그들에게는 딸을 교육시켜야 한다는 과제가 있었다.

알렉산더 부부는 딸의 교육비를 어떻게 충당하려고 했을까? 그들은 저당잡혀 있는 자기네 사무소의 빚을 대신 갚아주고 그 건물을 인수해서 그것을 아파트로 개조하였고 거기에서 나오는 고정적인 수입으로 딸의 교육비에 충당할 계획을 세웠다.

두 사람은 이번의 목표도 달성했다.

알렉산더 부인이 말한 바에 의하면, 그들은 지금 노후의 생계에 대비해 완불된 연금보험을 목표로 일해 간다고 한다. 최근에는 닉 혼자서 사업에 종사하고 테레사는 주로 가사를 돌본다고 한다.

알렉산더 부부는 이렇듯 하나하나의 목표를 설정해 그것을 실행하려고 끈질기게 노력한 결과 인생을 성공으로 이끈 것이다.

그들 부부야말로 버나드 쇼의 다음과 같은 말의 진실성을 몸소 실증해 보인 것이다.

"나는 성공을 두려워한다. 부귀공명을 이룩했다는 것은 이 땅 위에서는 자기의 할 일이 없어졌다는 뜻이 된다. 그것은 마치 교미가 끝난 후 암거미에게 물려서 죽고 마는 수거미와 같은 것이다. 나는 목표를 이루고 난 후보다는 항상 목표를 앞에다 두는 미완의 상태를 좋아한다."

너무 많은 사람들이 뚜렷한 목표를 갖지 못한 탓으로 엉거주춤한 자세로 방황하고 있는 것이 오늘의 실정이다. 그들은 단순히 제일 차원의 세계 외에서는 알 수 없는 하루살이 인생이다.

인생에서 최대의 것을 잡는 사람, 기민하고 활동적인 사람, 온갖 기회에 대비해서 결코 기회를 놓치는 일이 없는 사람 ─ 이런 사람들은 일정한 전망 내지는 뚜렷한 목표를 가지고 있는 사람들이다.

장기간에 걸친 계획을 수립할 경우에는 5년을 하나의 구획으로 정해서 설계하는 것이 좋다.

무슨 일이든 한 가지 목적을 이루었으면 곧 새로운 목표를 설정해 꾸준히 매진할 일이다. 이것이 바로 우리 인생을 성공의 길로 이끄는 지름길인 동시에 성공의 요체要諦인 것이다.

3
스스로를 격려해야 한다

뉴욕 중앙 철도회사의 사장이던 프레더릭 윌리엄슨은 어느 방송 인터뷰에서, '사업에 성공하는 비결이 무엇이냐'는 질문을 받고 다음과 같이 대답한 적이 있었다.

"사람들이 잘 깨닫지 못한 성공의 비결이 있습니다. 인생의 경험을 쌓으면 쌓을수록 사업에 대해 열정을 다 바친다는 태도가 그것입니다.

나는 그렇게 확신하고 있습니다. 성공한 사람과 실패한 사람의 사이에 개인적인 재질이나 능력, 또는 지식의 차이라는 것은 대체로 그리 현저한 것은 아닙니다.

그러나 두 사람이 거의 맞먹을 만큼 엇비슷한 실력을 가지고 있다면 열심히 일하는 쪽이 성공할 확률이 큰 것은 두말할 나위도 없습니다.

또한 열심히 하기만 하면 자기보다 능력은 뛰어났지만 열심의 정도가 부족한 사람을 능가할 수 있는 가능성도 큽니다.

땅을 파는 일이든 큰 회사를 경영하는 일이든 일에 열중한다는 것은 자기의 천직을 믿고 그것을 사랑함과 같습니다. 그것이 아무리 어려운 일이더라도 일에 열중하는 사람은 함부로 덤비거나 초조해하지 않고 언제나 침착한 태도로 일에 임할 수 있기 마련입니다. 누구나가 그런 태도를 가질 수만 있다면 그런 사람은 틀림없이 성공할 수 있을 것입니다.

'아무리 위대한 일이라도 열심히 하지 않고 성공한 예는 일찍이 없었다.'

이 말을 새삼스럽게 되새겨 볼 필요가 있습니다.

아닌 게 아니라 이것은 단순한 언어의 수식만은 아닙니다. 그야말로 성공에의 이정표라고 할 만한 것입니다."

걸작을 창조하는 예술가이든, 비누 판매원이든, 도서 외판원이든, 행복한 가정을 영위하려는 사람이든 간에 일에 열중한다는 것이야말로 사업에 성공한 모든 사람들이 공통적으로 지니는 특성이다.

'열중'이라는 말은 '하나의 영감을 받았다.'라는 뜻이다.

바로 이 열중이라는 태도로 일하는 사람은 그 누구도 억제할 수 없는 막강한 힘을 갖게 된다.

예일 대학에서 가장 크게 인기를 모으던 윌리엄 라이언 펠프스 교수는 '교육의 감격'이라는 저서를 낸 바 있다. 그는 이 책에서 다음과 같이 서술했다.

"나에게 있어서 학생을 가르친다는 것은 기술이나 직업 이상의 의미를 갖습니다. 그것은 이를테면 열정과 같은 것이지요."

펠프스 교수의 지론을 깊이 새겨 둘 가치가 있다.

"화가가 그림 그리는 일을 사랑하듯이, 가수가 노래 부르기를 사랑하듯이, 또 시인이 시를 짓는 데에 기쁨을 느끼듯이, 나는 가르치는 일을 사랑하고 있습니다. 나는 아침에 일어나기 전, 우선 지극한 기쁨으로 나의 학생들을 생각합니다. 인생에 성공하기 위한 가장 중요한 것은 자기의 나날의 일에 언제까지라도 열중할 수 있는 능력을 갖추고 있다는 그 점입니다."

자동차 왕인 월터 P. 클라이슬러는 다음과 같이 말한다.

"나는 활기에 찬 사람을 좋아합니다. 그들이 활기에 넘쳐 있으면 손님도 그 열정에 끌려들어서 흥정도 쉽게 성립되기 마련이지요."

또 10센트 연쇄점의 창립자인 찰스 샘너 월워즈는 이렇게 말했다.

"일에 열중하지 않는 한 무슨 일에든 성공할 수도 없는 법입니다."

찰스 슈워브는 그 말을 뒤집어서 이렇게 말했다.

"얼마든지 일에 열중할 수 있는 사람은 어떤 일이든지 성공하기 마련입니다."

고도의 기술을 요구하는 직업에 있어서조차 일에 열중한다는 사실은 지극히 중요한 일이라고 할 수 있다.

4
일에 열중할 수 있는 여섯 가지 방법

나는 다음의 여섯 가지 규칙이 대단히 효과적이라고 확신한다. 이 여섯 가지 규칙을 적용해서 성공한 실례를 여러 번 보아서 잘 알고 있기 때문이다.

당신도 그것을 시도해 보라고 권하고 싶다. 상대가 누구이든 그 사람이 일에 열중할 수 있는 방법이다.

그럼 하나하나 그 규칙을 설명해 보기로 하자.

① 당신이 담당한 일과 그 일이 회사 전체에 관한 모든 것이 되도록 많이 배워야 한다

대개의 사람들은 자기는 거대하고 차가운 기계의 한낱 톱니바퀴에 지나지 않는다고 생각하고 있다. 그것은 자기가 담당하고 있는 일의 의의를 모르고 있기 때문이다. 또 자기가 매일 하고 있는 일의

배후에 관한 것을 배우려 하지 않는 데서 비롯된 현상이기도 하다.

옛날에 두 사람이 같이 일을 하고 있었다.

"지네들은 무엇을 하고 있나?"

이런 질문을 받았을 때 두 사람은 각각 다른 대답을 했다.

한 사람이 대답했다.

"저는 벽돌을 쌓고 있습니다."

다른 한 사람은 다르게 대답했다.

"저는 대전당大殿堂을 짓고 있습니다."

일이나 제품에 대해 잘 안다는 사실은 그 일에 열중하도록 하는 기본적인 조건이 된다. 저널리스트로서 유명했던 아이다 M. 타벨은 일찍이 고작 5백 마디의 가사를 쓰기 위한 자료를 모으기 위해서 무려 3~4주일을 소비했다고 한다.

더구나 그가 실제로 활용한 것은 그 방대한 자료 가운데서 극히 사소한 일부분에 지나지 않았다고 한다. 그의 설명에 의하면, 그때 이렇듯 사용하지 않았던 지식은 그녀에게 여력을 저장케 하였고 당장 쓰는 데 필요한 지식을 가지고 있다는 의식은 그녀로 하여금 학식과 권위로서 안심하고 집필케 하는 데 아주 효과적이었다고 한다.

벤저민 프랭클린도 어린 시절에 어느 조그마한 비누공장의 공원으로 있을 때 이러한 방법을 썼다. 그는 공정 전체를 낱낱이 외워 버림으로써 최후의 성과에 대한 자기의 미미한 공헌에 관해서도 어떤 자부심을 지닐 수 있었다고 했다.

공장주는 자기 공장의 제품에 관한 제조 공장을 세일즈맨들에게 상세히 가르쳐 줌으로써 그들을 훈련시킨다. 이 지식은 세일즈맨이 단골 거래처에, 그 제품을 판매할 때에도 아주 효과적으로 활용되는 것이다. 뿐만 아니라 제품에 대한 완전한 지식은 특히 이런 사람과는 틀림없이 거래가 되리라고 믿어지는 예상고객과 상담을 할 경우에 세일즈에 관해 상세하게 알면 알수록 보다 더 열심히 일에 일할 수 있게 된다.

② 목표를 정하고 그것을 추구해야 한다

성공하기를 희망하거든 우선 목표를 설정한 다음 정확하게 겨냥을 해야 한다.

우선, '무엇을 목표로 해서 무슨 일을 할 것인가.' 하는 점을 일단 정리한 다음 사나운 개가 고양이를 쫓듯이 그 목표를 추구하는 것이다. 자기가 뜻하는 바를 자각한 사람은 좌절이나 실패 때문에 낙망하는 법이 없었다.

앞에서 말한 벤저민 프랭클린은 다음과 같이 서술한 바가 있다.

"성공을 원하거든 자기 직업을 명백히 정하고 그것을 어디까지나 추구해야 한다."

막연하고 실현될 가능성도 없는 승리를 부질없이 꿈꾸지 말고 뚜렷한 특정의 목표를 포착해야 한다.

③ 날마다 자기 자신에게 격려의 말을 해보자

'이런 어린아이 같은 소리가 어디 있느냐.'고 고개를 갸웃거릴 독자가 있을지 모르지만 성공한 사람들은 이 방법이 일에 열중하기 위해 아주 좋은 효과를 거둔다는 점을 인정하고 있다.

뉴스 해설자인 H. V. 칼텐본의 예를 들어 보자.

그가 아직 젊었을 때, 그때만 해도 그는 이름도 알려지지 않은 몸으로 프랑스에서 세일즈맨 노릇을 하고 있었다. 그는 날마다 가정방문을 나서기 전, 반드시 자기 자신에게 잔소리를 했다고 한다.

또 위대한 마술사였던 하워드 서스턴은 '나는 구경꾼을 좋아한다.' 하고 혼자서 지껄이면서 분장실을 거닐기 일쑤였다. 몸의 피가 더워질 때까지 몇백 번이고 이렇게 되풀이해 지껄이고 무대에 나선 그는 언제나 훌륭한 공연을 했다고 한다.

대부분의 사람들은 인생을 가면상태로 지내고 있다. 이 가면상태에서 깨어나기 위해 매일 아침 자기 자신에게 다음과 같이 타이르는 것을 왜 이상하게 여기는 것일까?

"나는 내 일을 사랑한다. 나는 내가 지닌 온갖 것을 일에 기울이려 한다. 나는 내가 힘껏 노력을 기울려 살고 있는데 대해서 무한히 감사하게 여긴다. 오늘도 100% 힘차게 일에 임할 것이다."

④ 남을 돌보려는 생각을 길들이도록 해야 한다

일찍이 알리스 트레레스는 '이기주의의 진화'라는 것을 제창한 바 있는데 이것은 성공을 바라는 사람들을 위해서 좋은 충고가 될 것이다.

한쪽 눈은 괘종시계의 바늘에, 또 한쪽 눈은 자기 월급봉투에만 돌리고 있는 소극적이며 게으름뱅이고, 무엇을 해도 성공하지 못하는 샐러리맨이 있다.

그런 사람과는 반대로 남을 돌볼 줄 안다는 것은 일에 열중하게 되는 결과도 된다. 그 증거가 있다. 하찮은 봉급에서 떼어서 사외 봉사나 절약사업에 종사하는 훌륭한 사람들은 그러한 기회가 도래하면 그 밖의 봉사 활동이 아닌 일에서 많은 돈을 벌게도 되는 것이다.

자기 본위의 생각은 일시적으로는 잘되어 가는 것 같지만 긴 안목으로 보면 스스로 패하고 마는 결과가 될 것이다.

내 쪽에서 걸려 넘어지도록 발을 앞으로 내밀고 있는 사람이 주위에 많은 것보다는 우리에게 구원의 손길을 뻗치고 있는 사람들을 주위에 갖는다는 것은 그 얼마나 행복한 일이겠는가?

⑤ 일에 열중하는 사람과 사귀되 일에 열중하지 않는 사람은 되도록 피하자

"나에게 가장 필요한 것은 내가 할 수 있는 일을 하도록 용기를 부어 주는 것이다."

이것은 에머슨의 말이다. 다른 말로 하면 이것은 인스피레이션 영감이라고 할 수 있다.

우리는 일하고 있는 환경을 갑자기 바꿀 수는 없다. 그러나 현재보다도 더 창조적인 생각을 갖고 활기찬 삶을 누리도록 격려해 주는 벗을 구할 수는 있을 것이다.

당신이 일에 열중하기를 원하거든 인생 또는 생활이 우리에게 주는 의미에 대해서 상대로 하여금 항상 배려하도록 해야 한다. 또한 무슨 일에나 어리둥절해 있지 않고 언제나 활기에 차 있는 사람들의 영향을 받을 수 있도록 항상 세심하게 마음을 써야 한다.

다음에 제시하는 것은 퍼시 H. 파이팅의 저서 '판매의 5대 원칙'에 기술된 충고이다.

"무뚝뚝한 사람, 열심히 일하지 않는 사람, 평상시의 일을 느릿느릿하고 주책없고 빙충맞게 하는 사람을 경계해야 한다."

⑥ 처음에는 억지로라도 열심히 하려고 애쓰면 결국은 정말로 열중하게 되는 법이다

이것은 내 아이디어가 아니다. 내가 아직 태어나기도 전부터 윌리엄 제임스 교수가 하버드 대학에서 강의한 바 있는 철학적 논리이다. 제임스 교수는 다음과 같이 말했다.

"당신이 어떤 감정을 갖고 싶을 때에는 당신이 이미 그런 감정을 가지고 있는 척하십시오. 그렇게 함으로써 그러한 감정을 실제로 자아내게 하는 것입니다. 행복해지고 싶으면 행복한 척하는 것입니다. 불행해지고 싶거든 불행한 척하라는 것입니다. 일에 열중하고 싶다면 우선 일에 열중한 척하라는 것입니다."

'나는 어떻게 판매 세일즈에 성공했나'의 저자는 누구든지 이 원칙 하나만 적용함으로써 자기의 생활 전체를 개혁할 수 있다고 말했다.

5
자신에게 동기를 유발시키는 방법

동기 유발이란 도대체 무엇인가? 동기 유발이란 행동시키는 것, 또는 선택해 결정짓게 하는 일이다. 그것이 바로 여기에 쓰려고 하는 동기를 가지게 하는 일이다.

즉 동기란 생각이라든가, 감정이라든가, 욕망이라든가, 충동이라든가 하는, 그 사람이 행동하도록 자극하는, 사람의 내부에만 있는 내부의 자극이다. 그것은 특정한 결과를 낳은 시도를 향해 행동을 일으키게 하는 희망이라든가 그 밖의 힘이다.

자신과 타인을 행동시키는 법

'당신이 어떻게 사람을 움직여 행동시킬 수 있는가' 하는 원칙을 깨닫는다면 타인을 행동시킬 수 있는 원칙도 알게 된다. 반대로 타인을 움직이게 할 수 있는 원칙을 안다면 당신 자신을 움직여 행동시킬 수 있는 원칙도 알게 된다.

그러므로 당신 자신을 움직여 스스로 행동할 수 있는 방법을 서술하는 것이 이번 장의 목적이다. 그리고 적극적인 마음가짐으로 당신 자신이나 타인을 움직여 행동시키는 방법을 서술하는 것이 이 책 전체의 목적이다.

여러 사람의 성공이나 실패의 여러 가지 경험을 설명하는 우리의 목적은 바람직한 행동을 단행하도록 당신을 움직여 행동시키는 데 있다. 따라서 PMA를 가지고 당신 자신을 행동시키면 당신은 당신의 사고를 지도하고, 당신의 감정을 컨트롤해 당신의 운명을 결정할 수가 있다.

자신과 타인에게 동기를 유발시켜야 한다

보이지 않는 힘이란 어떤 것일까. 어떤 사람이 그것을 발견했다. 다음에 서술하는 것은 그의 얘기이다.

몇 해 전의 일이다.

화장품 제조업자로 성공한 이 사람은 65세의 나이로 은퇴했다.

그 뒤 해마다 그의 친구들은 생일축하 파티를 열어 주고 있었는데, 언제나 그들은 그에게 그의 성공 비결을 공개해 달라고 졸랐다. 그때마다 그는 애교 있게 거절하였는데, 그가 75세의 생일을 맞았을 때 친구들은 반농담으로 또 한 번 그 비결을 밝혀 줄 것을 부탁했다.

"지금까지 여러분에게 신세를 졌으니까 얘기하지요."

그는 말했다.

"아실지 모르겠습니다만, 다른 화장품 없이 하는 방법 외에 나는 하나의 마법의 성분을 덧붙였습니다."

"그 마법의 성분이란 무엇입니까?"

모두들 물었다.

"나는 우리 회사의 화장품이 그녀들을 아름답게 하리라고는 부인들에게 절대로 말하지 않습니다. 그래야 나는 그녀들에게 언제나 희망을 주는 겁니다."

바로 희망이 마법의 성분인 것이다! 희망은 욕심나는 것이 얻어진다는 기대와 그것이 손에 들어온 것이라는 신념을 수반하고 있는 욕망이다. 인간이란 거의 대부분이 그에게 욕심나는 것, 믿는 것, 도달할 수 있는 것에 의식적으로 반응하게 되는 법이다.

또 주위로부터의 암시·자기암시·자동 암시 등으로써 그 잠재의식의 힘이 해방될 때에는 행동을 낳는 내부 충동에도 무의식적으로 반응하는 것이다. 바꾸어 말한다면, 타인의 마음을 움직여 행동시키는 요인에는 여러 가지 종류의 정도와 반응이 있다.

그러나 어느 결과도 일정한 원인을 가지고 있다. 당신의 어느 행동을 할 때의 일정한 원인, 즉 당신의 동기의 결과이다.

가령 앞의 얘기와 같이 부인들의 희망은 화장품 제조업자에게 유리한 사업상의 행동을 구축하는 동기를 유발시켰으며 그것은 또 부인들이 스스로 그의 화장품을 사도록 마음으로부터 충동시켰던 것이다.

인간의 행동을 유발시키는 열 가지 기본적 동기

당신이 느끼는 모든 생각, 당신이 자발적으로 행하는 모든 행동은 어떤 특정한 동기 또는 여러 가지 동기의 결합에서 생기는 것이다. 모든 사고, 모든 자발적인 행동을 일으키는 열 가지의 기본적인 동기가 있다.

이 가운데 하나의 동기도 없이 무슨 일을 행하는 사람은 한 사람도 없다. 어떤 일정한 목적을 위해 자기 자신을 행동시키는 방법, 또는 타인을 행동시키는 방법을 배우기 위해서는 당신은 이들 열 가지 기본적 동기를 이해하지 않으면 안 된다. 그것을 열거하면 다음과 같은 것이다.

첫째, 인정받고 싶다는 것과 자기표현의 욕망

둘째, 물질적인 이득에 대한 욕망

셋째, 죽은 뒤의 인생에 대한 욕망

넷째, 몸과 마음의 자유에 대한 욕망

다섯째, 노여움의 감정

여섯째, 미움의 감정

일곱째, 섹스의 감정

여덟째, 사랑의 감정

아홉째, 공포의 감정

열째, 자기 보존의 욕망

감정을 조절하는 법은 무엇인가

인간은 외부의 힘의 영향에 의해 강제强制되기 전에, 의식하는 마음의 활동에 의해 자신의 내부로부터 그 감정을 자발적으로 조절할 수 있는 유일한 존재이다.

따라서 인간만이 감정 반응의 습관을 임시로 바꿀 수가 있다. 당신이 보다 문명에 개화될수록 그만큼 보다 쉽게 당신은 감정을 컨트롤할 수가 있다.

감정은 이성과 행동의 묶음으로써 컨트롤된다. 공포가 아무 이유 없는 것이요 유해한 것인 경우에는, 그것을 지워버릴 수가 있으며, 지워버리지 않으면 안 된다. 그러면 어떻게 해서 그렇게 한다는 것일까?

항상 당신의 감정은 이성의 직감적인 대상은 아니지만, 그것은 행동의 대상이다. 왜냐하면 당신은 소극적인 감정이 필요 없다는 것을 이성을 가지고 이해할 수가 있으며, 그렇게 함으로써 자기 자신을 행동하도록 동기를 유발시킬 수가 있다.

또한 당신은 공포 대신에 적극적인 감정을 가지고 일에 임할 수가 있다. 어떻게 해서 이와 같은 일을 한다는 것일까?

하나의 효과적인 방법은 당신이 원하고 있는 것을 나타내는 그런 한마디 말의 신조를 가지고 자기암시를 하는 것이다. 말하자면 자기에게 명령을 내리는 것이다. 가령, 당신이 무엇인가를 두려워하고 있어서 용기를 가졌으면 하고 생각한다면, '용기를 가져라.' 하는 말을 빠르게 몇 번 되풀이해 보는 것이다. 그리고 행동으로 그것을 보충한다. 용기 있는 사람이 되고 싶다고 생각한 순간부터 용감히 행동하는 것이다.

어떻게 하는 것이 좋은가?

'곧 시작하라!'는 셀프스타터를 사용하는 것이다. 그리고 곧 행동으로 옮기는 것이다.

이 장에서는 당신이 자기암시를 함으로써 당신의 감정과 행동을 컨트롤하는 방법을 알 것이다. 따라서 지금 중요한 것은, '당신이 하고 싶다고 생각하는 것에 정신을 집중하고, 당신이 하고 싶다고 생각하지 않는 것은 곧 잊어버리는 일이다.'

성공의 공식

아마도 당신은 '프랭클린 자서전'을 읽었을 것이다. 그리고 프랑크 베드가의 '나는 어떻게 판매 세일즈에 성공했는가?'를 읽었을 것이다. 만일 아직까지 읽지 않았다면 당신에게 이 두 책을 읽으라고 권유하고 싶다. 이 두 책에는 언제나 성공할 수 있는 공식이 쓰여 있다.

프랭클린의 자서전에는 이 세상에서 가장 위대한 사람이 당신을 도와주려 했듯이 벤저민 프랭클린을 도와주려 노력했던 것을 다음과 같이 서술하고 있다.

"나는 그것들의 덕을 전부 몸에 지니고 싶다고 생각한다. 그러나 그것을 전부 한 번에 몸에 붙임으로써 주위를 산만하게 하는 것보다는, 하나의 덕만을 꼭 몸에 붙이는 것이 낫다고 판단했다. 그리고 나는 그 어떤 것 하나를 몸에 붙였다는 것으로써 다른 것이 나에게 붙기가 쉽도록 그와 같은 관점에서 그 덕을 배치했던 것이다."

그 뒤 프랭클린은 이렇게 적고 있다.

"매일 반성이 필요하다고 생각했기에 그 검사를 행하기 위해서 나는 다음과 같은 방법을 생각해 냈다. 나는 한 권의 조그만 수첩을 만들어 그 속에서 각각 덕의 페이지를 나누었다. 그리고 나는 그것이 일곱 개의 세로의 칸이 되도록 페이지마다 빨간 잉크로 줄을 쳤다. 그리고 그 칸마다 요일을 적어 넣었다. 가로의 칸은 열셋으로 나누고, 열셋의 덕을 거기다가 적어 넣었다. 그리고 검사 결과 내가 이들의 덕을 지키지 않은 것을 알면 해당되는 칸에 조그만 검은 점을 찍기로 했던 것이다."

그렇다면 다음에는 이 공식을 아는 것과 마찬가지로 이 공식을 이용하는 방법을 아는 것이 중요하다. 당신의 지식을 쓰는 방식은 다음과 같이 하는 것이다.

행동의 공식
일주일 동안을 하나의 원칙에 집중한다. 언제든지 기회가 있으면 바른 행동으로 답하도록 한다. 그리고 나서 둘째 주일은 제2의 덕으로 옮겨간다. 그리고 제1의 원칙은 잠재의식에 맡겨 버린다.

매주 같은 시간 한 원칙에 정신을 집중하고 다른 것은 잠재의식 속에 확립된 습관의 실천에 맡겨 둔다. 이것이 대충 끝나면 다시 처음부터 되풀이한다. 이렇게 해서 연말에 가서는 전부의 과정을 4회 되풀이하는 것이 된다. 몸에 붙이고 싶다고 생각했던 특성이 몸에 붙거든, 더욱 발전시키고 싶다고 생각하는 새로운 덕이라든가, 태도라든가, 활동이라든가를 위해서 새로운 원칙으로 바꾼다.

당신은 벤저민 프랭클린 자신을 돕기 위해 사용한 방법을 읽은 셈이지만, 이 책의 독자인 당신으로서는 프랭클린의 원칙을 배워서 그 원칙을 적용하는 방법을 아는 것이 현명할 것이다.

우리는 이 장 처음에서 인간이 기본적인 동기의 유발에 대해서 서술했는데 여기서 다시 한 번 그것을 되풀이해볼까 한다.

우선 첫째가 인정받고 싶다는 것과 자기표현의 욕망, 그 다음이 죽은 뒤의 세계에 대한 욕망, 육체와 정신의 자유, 이렇게 계속된다. 그 다음은 노여움과 미움의 감정, 다음이 섹스의 감정과 사랑, 공포의 감정, 그리고 마지막이 자기 보존의 욕망이다.

제**4**장

성공적인
대화 테크닉

맹목적인 찬사는 상대의 능력과 노력을 고무시키기는커녕 반대로 불쾌하게 만든다.
상대가 칭찬이나 격려를 인정하고 기분 좋게 받아들일 수 있을 정도로 해야 한다.

1
대화를 잘하는 기본 공식

대화는 자신의 입장을 적절하고 효과적으로 피력해 원만한 인간관계는 물론 대화의 목적을 달성해야 한다. 그러자면 대화에는 호소력과 설득력이 있어야 한다. 이제 대화를 잘하는 요령에 대해 설명하기로 한다.

얘기를 꺼내는 방법

일반적으로 대화를 함에 있어서 어떤 목적이나 특정한 화제로 들어가기 전에 대화의 능률을 올리기 위해서는 간단한 인사말이나 자기소개를 하는 것이 좋다. 잘 모르는 상대방과의 대화에는 더욱 서두를 어떻게 꺼내야 할 것인가가 망설여진다. 그러한 경우 다음의 사항을 실제 대화에 응용하면 편리하다.

첫째, 날씨나 기후에 관한 얘기

둘째, 취미나 기호 등에 관한 얘기

셋째, 시사성 있는 얘기

넷째, 일과 직업에 관한 얘기

다섯째, 가족 · 친구 · 친척 등 사람에 관한 얘기

여섯째, 건강·질병·의약·치료법 등에 관한 얘기 등을 화제의 서
두로 꺼내면 무난하다.

화제 선택의 요령

화제는 말하는 사람이나 듣는 사람 모두에게 적합한 목적과 조건
이 있는 것이어야 한다. 따라서 화제를 선택할 때에는 사회적 관심
도가 높거나 친밀감이 있는 것, 구체적이고 알기 쉬운 것, 상대방의
요구와 필요에 적절한 것이어야 한다. 이러한 화제를 선택하는 요령
은 다음과 같다.

◆ 목적에 맞는 화제를 선택해야 한다.

아무리 좋은 내용의 화제라도 목적에 맞지 않는 것은 유용성이 없
다. 화제의 선택에서 가장 중요한 것은 목적에 맞는 화제를 선택해
야 한다는 것이다.

◆ 구체적인 내용이어야 한다.

화제는 사물을 시각적 영상이 떠오르도록 구체적이고 명확해야
대화의 목적을 효과적으로 달성할 수 있다. 추상적이고 애매모호한

화제는 상대방으로 하여금 관심을 끌지 못할 뿐더러 분명한 대답을
기대하기 힘들다.

◆ 생활과 밀접한 관계가 있는 얘기를 화제로 삼아야 한다.
일상생활에서 항상 듣고 보는 얘기나 현실 생활과 밀접한 관련이
있는 얘기를 화제로 삼으면 상대의 관심은 물론 친밀감을 느낀다.

◆ 시사성 있는 문제
진부하거나 구태의연한 얘기는 지루하고 흥미가 없다. 누구나 새
로운 문제, 새로운 변화에 대해서는 관심과 흥미가 끌리게 마련이다.

◆ 경험에 관한 얘기
자신의 경험을 화제로 삼으면 듣는 사람에게 신뢰와 관심을 유발
시키고, 말하는 사람은 자신 있게 말할 수 있다.

◆ 스릴이 있는 화제
사람은 누구나 평범하고 일상적인 화제보다는 돌발적이고 아슬아
슬한 변화와 손에 땀을 쥐게 하는 모험에 관심과 흥미를 가진다.

◆ 실현 가능한 화제
화제의 선택에 있어서 실현성은 대단히 중요하다. 허황된 공상
이나 현실 생활과 거리가 먼 발상은 아무리 좋은 아이디어라도 상

대의 관심을 끌지 못한다. 효과적으로 대화를 성공시키려면 비록 쉽지는 않더라도 노력하면 반드시 실현될 수 있는 것을 화제로 선택해야 한다.

◆ 욕망에 호소하는 화제

상대방의 욕망이 무엇인가를 잘 분석해 그것에 화제의 초점을 맞춘다면 큰 효과를 얻을 수 있다. 인간은 욕망을 충족시키기 위해 노력하고 있다. 이러한 인간행동의 원동력인 욕망에 호소하는 화제를 선택하면 쉽게 목적을 달성할 수 있다.

대화 시 주의사항

◆ 음식점이나 식탁에서 불쾌하거나 불결한 얘기를 해서는 안 된다.

◆ 음식을 앞에 두고 맛에 불평을 해서는 안 된다.

◆ 공적인 모임에서는 개인적 화제나 사사로운 화제를 얘기해서는 안 된다.

◆ 자기 자신의 얘기에만 열을 올려서는 안 된다. 듣는 이로 하여금 거부감을 갖게 하거나 지루한 느낌을 준다.

◆ 윗사람과 대화를 할 때에는 설교나 교훈적인 얘기는 하지 말아야 한다.

◆ 때와 장소에 어울리지 않는 화제는 삼가야 한다.

◆ 당사자 이외에 다른 사람이 함께 한 자리에서는 상대방을 꾸짖

거나 화내면 안 된다.

대화의 원리

의사를 효과적으로 표현하는 데는 어떤 원리나 법칙이 있는지 많은 사람들이 세련되고 훌륭하게 말할 수 있는 방법을 터득하기 위해 노력한다. 그러나 다음의 몇 가지 사항을 터득하고 실천하면 여러분도 말을 잘할 수 있을 것이다.

첫째, 중요한 부분은 억양을 강하게 하자.

표현이 서툰 사람들은 말의 억양이나 속도에 변화가 없이 단조롭게 지껄이는 사람과 처음부터 끝까지 강한 억양으로 소리를 지르는 사람이다.

둘째, 의미상으로 한 어구의 말은 붙여서 말하고, 의미상 또는 호흡에 맞추어 한 어구를 단위로 띄어서 말하자.

셋째, 단순히 목소리만을 내지 말고, 말하려는 내용을 상상하면서 감정이 깃든 목소리로 성의를 가지고 말하자.

넷째, 거리에 따라 음성의 크기를 조절해야 한다.

회화에 있어서 원근법이 입체적 표현의 시각적 효과를 나타내는 것처럼 내화에 있어서도 목소리를 조절할 필요가 있다.

2
매력적인 대화법

대화의 목적은 단순한 의사표현이나 의사전달의 수단을 얻는 것이 아니라 대화를 통해서 사람됨을 형성한다. 그러므로 한 사람의 대화가 빈약한지, 풍부한지, 애매한지, 분명한지, 정리되어 있는지에 따라서 그 사람의 인격·실력·사상·감정·인간성 등이 평가된다. 그것은 사람은 자기 마음속에 있는 모든 것을 대화를 통해 표현하기 때문이다.

내용이 제아무리 알차고 훌륭해도 깨뜨려보지 않고서는 알 수 없듯이 인간이란 존재는 곧 그 사람의 언어로밖에 판단할 수가 없다. 정확한 어휘 구사, 요령 있는 언어 표현, 사람의 마음을 끌어당기는 언어는 사용법을 알아야 성공할 수 있다.

화법을 연습해야 한다

화법은 대인관계의 성패를 가름할 수도 있으며, 그것은 궁극적으로 인생의 성패를 가름할 수 있는 중요한 것이다.

그러므로 성공하기 위해서는 말하는 법을 배우고 연습을 할 필요가 있다.

그리스의 웅변가 데모스테네스가 그 대표적인 예이다. 처음에 그의 음성은 거칠고 품위가 없었으며 발음도 불명료했다. 그러나 그는 자기의 결점을 깨닫고 강한 의지와 노력으로 자기의 언어를 개발해 사람을 감동시키는 웅변을 터득했다.

그러면 좋은 화법을 구사하기 위해서는 어떻게 해야 하는가.

첫째, 발음을 정확히 해야 한다. 말끝을 얼버무리거나 말마디를 잇달아 발음하지 말고 띄어 말하기를 연습해야 한다.

둘째, 적당한 음성과 억양에 주의해야 한다. 그것은 말의 의미를 상대에게 전달하는 데 중요한 관건이 된다.

셋째, 좋은 어휘를 선택해야 한다. 언어란 누구나 쉽게 이해하면서도 여러 가지 의미가 함축된 것을 골라 사용하면 좋다. 그러므로 의사소통이 원활한 어휘를 골라야 하며, 이 선택된 어휘에 감정을 실어야 한다.

넷째, 묘사적인 언어를 선택해 말하는 연습을 하자. 그러면 점차 세련된 화법을 지니게 된다. 묘사적인 언어는 다음을 참조하면 된다.

① 숫자의 마력을 이용하자

대화 속에 삽입되는 수의 마술은 대단한 힘을 지닌다. 보통 사람들은 숫자에 대한 관념이 희박하며 숫자를 실감하지 못하고 살아가는 것이 사실이다.

숫자를 무시할 수 없다는 것은 잠재적으로 인정하면서도 숫자가 생활화되어 있지 않다. 이러한 약점을 최대한 이용하는 것이 대화중에 숫자를 삽입해 얻어지는 효과이다. 특히 통계숫자는 믿을 수도 믿지 않을 수도 없는 마력을 지니고 있다. 그러면서도 사회에서 가장 신뢰받는 정보는 숫자정보이다.

따라서 대화를 함에 있어서 통계숫자를 잘 섞어서 활용하면 원만한 대화로 성공시킬 수 있다. 즉 얘기 자체에 흥미를 끌고 다음에 숫자의 힘으로 신뢰할 수 있게 만드는 것이다.

② 말의 순서를 뒤바뀌어 보자

말의 순서를 뒤바꾸면 강한 인상을 얻게 된다. 우리가 일상에서 사용하는 말도 단어의 순서를 뒤바뀌어 놓으면 보편적인 고정관념을 벗어나 강한 인상을 준다.

말의 순서는 항상 일정하게 고착된 선입감을 줄 수도 있으므로 고정관념을 탈피하면 새로운 감동을 얻을 수 있는 신선함을 발휘할 수가 있다.

③ 시각적 언어를 사용하자

말을 들으면 동작적인 영상이 떠오를 수 있는 시각적 언어를 대화 속에 많이 포함시키면 강한 이미지를 남긴다.

사람은 언어를 전달하고 받아들이는 데 동작의 보조를 받는다. 내용의 전달이 충실하기 위해서는 언어를 동작과 얼마만큼 조화시키느냐에 있다.

④ 짧게 말하자

촌철살인寸鐵殺人이라는 말이 있다. 이것은 아주 짤막한 한마디 말로써 사람을 감동시키는 것을 말한다. 대화에 있어서도 무수히 많은 말 중에서 화제에 벗어나지 않고 핵심을 찌르는 짧은 말일수록 강한 인상을 준다.

대개는 한 가지 한 가지를 수식해 나열해야만 쉽게 이해가 될 것이라는 생각에 말을 길게 한다. 그러나 장식이 많고 화려한 것일수록 실제 전달된 말의 내용은 충실하지 못하다.

상대의 마음에 강한 암시와 지워지지 않는 말은 아주 짧으면서도 정곡을 찌르는 말이다.

짧으면서도 핵심을 찌르는 말을 하는 방법을 배워야 한다.

상대방을 설득하기 위한 대화법

복잡한 인간관계를 조화 있게 융화시켜 나가는 설득의 자세는 사귐에 있어서 필수적인 것이다. 상대를 자기가 의도한 대로 설득하고 유도할 수 있는 사람은 지혜롭고 성공할 수 있는 사람이다. 그러면 설득과 유도를 어떻게 해야 지혜롭게 할 수 있는가?

① 친근감 있고 부드러운 어조로 말하자

상대방을 설득함에 있어서 상대에게 상처를 주거나 비난하는 투로 말해서는 안 된다. 꾸짖고 야단치고 싶은 충동이 일더라도 뒷일을 생각하고 고려해 자제하는 자세가 필요하다. 상대를 정답고 부드러운 말투로 감싸주면서 감정에 호소해야 한다. 그러면 반드시 기대이사의 효과를 얻을 수 있다. 설령 조직사회에서의 유기적인 질서를 위해 꾸짖고 힐책할 경우가 생기더라도 섣부른 꾸짖음으로 역효과가 발생할 경우를 고려해 상대의 마음에 상처가 남지 않도록 배려해야 한다.

② 진실한 감정에 호소하자

상대방의 감정에 공감해 같은 입장이 되어 보는 것이 설득의 기본적 태도이다. 보통 상대가 이론으로 반박하면, 이론으로써 상대를 설득하려 하지만 실제는 감정적인 이해가 앞서지 않고서는 설득의 효과를 기대하기 어렵다.

대인관계에서 획기적인 성공을 얻지 못한 사람들의 얘기를 종합해 보면 모두들 이론적으로 설득을 폈을 뿐이며, 어느 누구도 감정의 교유를 가능케 해줄 상대의 입장이 되고 나서 상대에게 감사하고자 하는 마음의 자세가 결여되어 있다.

설득을 위한 대화가 효과를 거두지 못하는 원인은 상대의 미묘한 감정의 흐름을 이해하지 못하는 데 있다.

③ 견해가 대립되었을 때는 먼저 자신의 잘못을 시인하자

서로의 감정이 강하게 대립되었을 경우에는 먼저 자신의 잘못을 인정하는 태도를 가지고 상대의 감정에 호소해야 한다.

서로가 모두 자기 입장에만 신경을 쓴 나머지 어느 한쪽도 양보하지 않거나 먼저 잘못을 시인하지 않는다면 설득은 기대할 수 없다.

④ 같은 입장에서 관심을 가지도록 유도해야 한다

상대를 설득시키려면 우선 상대를 자기의 관심사에 집중시켜 같은 입장에서 관심을 가지도록 유도해야 한다.

상대의 입장과 내 입장이 동등한 것임을 강조하고 내 입장에서 보면 여러분도 이해할 것이라는 설득은 가장 효과적인 테크닉이다.

인간은 이해와 협력의 심리가 작용하게 되면 다른 어떤 욕망의 힘보다도 강하다. 상대에게 자기 헌신의 기회를 줄 수 있도록 솔직하게 협조를 바랄 수 있는 설득자는 성공의 지름길을 가는 사람이다.

⑤ 반박할 마음의 여유를 주어서는 안 된다

설득이 꼭 필요해서 대화를 할 경우에는 상대방은 듣기가 싫어지므로 그때의 설득은 항상 고도의 테크닉을 필요로 한다. 이럴 때 상대방은 자기의 입장을 내세워 변명만 하려고 할 것이다. 그러나 상대의 변명을 듣다 보면 설득하고자 하는 자신의 결심이 자구만 힘을 잃게 되고 결국은 상대의 변명을 듣기에만 급급해진다.

따라서 설득을 필요로 할 때는 상대가 자기의 입장을 변명할 시간도, 생각할 여유도 주어서는 안 된다. 처음부터 끝까지 조리 있게 지속적으로 상대를 휘어잡아서 자기의 페이스 속으로 상대를 붙들어 매야 하다.

따라서 설득의 말은 짧으면서도 상대에게 반박할 여유를 주지 않는 적극적인 표현을 써야 한다.

⑥ 자기 자랑을 하게 해야 한다

설득의 효과를 달성하려면 먼저 상대방에게 충분히 말하도록 한다. 상대방의 얘기 속에 잘못이 있거나 반대하고 싶은 충동이 일어나도 우선 참도록 해야 한다. 그리고 상대에게 자기 자랑을 하게 만드는 재치가 설득을 유리하게 발전시킨다.

인간은 누구나 상대보다 뛰어나 있을 경우에는 자신감이 생겨 우월한 기분에 잠기게 되므로 이런 순간을 포착해 설득하면 쉽게 그 효과를 이룰 수 있다.

그러므로 상대에게 우월감을 인정해 주고, 충분히 자랑하게 만든 후 설득의 말문을 열면 결과는 절대적인 것이 된다.

효과적인 대화법

① 경쟁 심리를 자극해야 한다

인간은 경쟁의 욕구가 있고 또 경쟁 심리가 작용해 승리하고자 하는 집념이 생기는 것이다. 상대의 능력을 신장시키기 위해서는 경쟁 심리를 자극해 의욕을 불러일으켜야 한다.

② 감각적인 언어를 사용해야 한다

대화의 묘미는 자신의 감각을 상대방의 감각에 접촉시켜 전달하는 데 있다. 감각이 풍부한 젊은 층의 사람들이 감각을 자극하는 말에 익히듯이 감각적 언어를 적절히 구사할 줄 아는 사람은 대화의 성공적 효과를 거둘 수 있다.

지적인 것보다 감정이 앞서는 것은 인간의 속성이다. 보다 친밀한 관계로 이끌기 위해서는 감각적 언어의 활용은 큰 효과를 가져다준다.

③ 말과 표정을 일치시켜야 한다

말과 표정을 일치시키면 상대방에게 신뢰와 친근감을 준다. 말에는 진실성이 담겨 있어야 하며 무관심하고 무덤덤하면 상대에게 호감을 줄 수 없다.

대화 속에 진실성이 어느 정도인지를 짐작할 수 있는 척도는 말하는 태도와 표정에 달려 있다.

말과 표정이 다른 얘기는 상대의 의혹을 사게 될 여지가 있다. 그러므로 자연스런 표정과 몸짓으로 대화의 내용에 어울리는 태도는 상대의 마음을 쉽게 붙잡을 수 있다.

④ 공명심을 자극해야 한다

상대에게 협조나 동의를 얻고자 한다면 상대의 공명심을 자극해 마음을 사로잡아야 한다. 인간은 명분을 내세운 궤변에는 약하다. 명분은 항상 인간들에게 희망적인 꿈을 갖게 하고 공명심을 자극해 새로운 체계를 열망하게 만드는 힘을 가지고 있다. 그것은 도전적이고 용기를 필요로 하는 사람에겐 기폭제가 된다.

어떠한 문제라도 그럴듯한 명분을 내세워 상대를 매혹시키면 쉽게 협조를 얻을 수 있다.

⑤ 긍정의 답을 선택하도록 유도해야 한다

세일즈맨이 상품을 들고 모 회사를 방문한다. 사장은 세일즈맨이 열심히 지껄이는 말을 듣는 둥 마는 둥 하고 있다가 '그럼 어느 것으로 할까요.' 하는 물음에 얼떨결에 대답을 해 생각해도 없던 상품을 사고 말았다.

협력과 목적을 달성하기 위해서는 상대방이 거절하지 못하고 선택하도록 유도해야 한다.

상대가 거절할 것이라는 전제를 가지고 묻지 말고, 상대가 협력해 줄 것을 전제로 하는 질문을 해야 한다.

가령 바쁘다는 핑계로 만나기를 거절하는 사람에게는 '시간 좀 내

주십시오.'라기보다는 '몇 시에 만나는 게 좋을까요.'라고 묻는 것이 바로 그것이다.

Yes냐 No냐를 선택해야 한다고 하여 상대의 도피심리를 막는 것이다. 상대의 협력과 동의를 구하려면 도피할 수 있는, 즉 거절할 수 있는 여지를 최대한 줄여야 한다.

⑥ 맞장구를 쳐야 한다

대화를 잘하기 위해서는 상대방이 지닌 정보를 더 많이 얻어내고, 상대방의 의도를 알아내야 한다. 그러기 위해서는 상대가 말문을 열었을 때 지속적으로 자기의 정보를 이쪽의 의도대로 털어 놓을 수 있도록 노력해야 한다. 즉 상대가 말을 쉽게 할 수 있도록 맞장구를 치라는 것이다.

그러면 상대방은 이러한 심리적 배려에 감사하여 자기가 하고 싶은 얘기를 다하게 된다.

상대의 말에 맞장구를 쳐주면 한 마디의 말로 백 마디 이상의 효과를 거둘 수 있다. 서로의 인격이 존중되고 있다는 의식의 공감대가 이루어지고 얘기하기를 꺼리던 상대도 허심탄회하게 자기를 표현할 것이다.

⑦ 동류의식을 자극해야 한다

상대를 설득하는 데는 같은 분야, 같은 지역, 같은 성격 등을 지니고 있다는 동류의식을 강조하면 의회로 설득효과가 크다. 자기를 이해해 주고 신뢰하는 정도가 높으면 인식이 우선 깊고, 공동체적 입장이기 때문에 불신의 마음이 생길 우려가 적어진다.

가족애, 동포애, 조국애 등은 모두 동류의식에서 나온다. 대인 관계에 있어서도 마찬가지이다. 비록 같은 집단 내의 사람이 아니라는 외형적 전제가 따를 때라도 이와 같은 인상을 상대에게 심어주는 노력은 설득에 있어서 성공하기 쉽다.

⑧ 지나친 칭찬은 삼가야 한다

누구나 자기의 장점을 인정해 주고 추켜세워 주면 행복한 기분에 사로잡히게 된다. 그러나 그 정도가 지나치면 아첨이나 아부하는 것 같이 들리며, 나아가 불안한 기분에 사로잡히게 된다. 또한 상대의 진심을 의심하게 된다. 그것은 심리적 불신을 유발한다.

아울러 맹목적인 찬사는 상대의 능력과 노력을 고무시키기는커녕 반대로 불쾌하게 만든다. 상대가 칭찬이나 격려를 인정하고 기분 좋게 받아들일 수 있을 정도로 해야 한다.

세일즈 대화법

세일즈맨에 있어서의 대화는 상품의 내용 이상의 영향력을 발휘해 판매와 직결된다. 대화의 방법이 세련되지 못한 세일즈맨은 고객의 흥미를 끌지 못함은 당연하다.

그러면 어떤 방법으로 대화를 해야 하는가?

① 열의와 개성이 있어야 한다

서투른 말의 내용이라도 얘기에 진실성이 있고 박력이 있으면 구매자의 마음을 끈다. 아무리 세련되고 능숙한 말을 해도 열의가 없으면 인정받지 못한다.

그리고 누구나 세일즈맨이라면 연상할 수 있는 상투적인 얘기는 결코 고객을 사로잡지 못한다. 따라서 독특한 분위기를 풍기며 신선하고 흥미롭게 대화를 전개해 나가야 한다.

② 질문을 많이 해야 한다

판매를 권유하기 전에 우선 고객이 마음의 문을 열도록 질문을 많이 해야 한다. 처음부터 물건 판매를 권유하면 고객은 흥미를 느끼기 전에 이질감을 느껴 회피하려고 한다.

고객의 구매심리를 자극해 구매의 충동을 불러일으키려면 먼저 인간적인 관심으로 고객의 마음을 사로잡아야 한다. 그리하여 상대방의 거부심리를 무산시켜 버리거나 억제해야 한다.

③ 새롭다는 이미지를 강조해야 한다

새로운 것은 언제나 주목을 받게 마련이다. 새롭다는 말은 상품에 있어서 가장 중요한 이미지 메이킹이다.

고객들은 새로 나왔다는 호기심에 마음이 끌린다. 고객의 흥미를 돋우는 데 내용만으로 설득하고자 하는 것은 무리다.

무엇보다 새롭게 탄생했다는 신선감을 부각시켜야 한다. '새로운

기술', '새로운 맛', '뉴 비즈니스', '새롭고 산뜻한 상품'이란 말들을
모두 고객의 호기심을 일으키기에 충분하다.

④ 필요성을 자극해야 한다.

아무리 값싼 물건이라도 필요하지 않으면 사지 않는다는 것이 기
본적 상식이다. 반면에 '꼭 필요한 것'은 누구라도 외면하지 않는다.

유능한 세일즈맨은 고객의 잠재적 '필요심리'를 발견하고 눈뜨게
하는 사람이다. 어떤 상품이라도 고객에게 필요의 가치가 있다는 것
을 주지시키면 관심을 끌 수 있다.

따라서 세일즈맨은 자기가 팔고 있는 상품에 대해 어떤 효용가치
를 지니고 있는지, 그것이 고객에게 어떻게 도움을 주는지 전문가적
기분으로 상세히 설명하고 필요심리를 자극할 수 있는 분위기를 조
성해야 한다.

제 5 장

타인에게 호감을
갖게 하는 방법

좋은 습관은 사소한 희생을 쌓아감으로써 이루어진다.
미소는 가정에 행복을, 사업에는 신뢰를 가져온다.
그리고 슬퍼하는 사람에겐 태양이 되고,
괴로워하는 자에게는 자연의 해독제가 된다.

1
돈으로 바꿀 수 없는 관심과 배려

진실한 마음으로 성실한 관심을 보여야 한다

친구를 만들고 싶으면 우선 남을 위해서 일해야 한다. 남을 위해 자기의 시간과 노력을 바치고 사려 있는 자기희생적인 노력을 행하는 것이 좋다.

친구 얻는 법을 배우기 위해서 책까지 읽을 필요는 없다. 다만 세상에서 그 방면에 가장 뛰어난 사람의 하는 기략을 배우면 되는 것이다.

그 뛰어난 사람이란 우리가 매일같이 길가에서 마주치고 있는 강아지가 바로 그 방면에서는 우리의 스승이다.

이쪽이 접근하면 반갑다고 꼬리를 흔든다. 멈추어 서서 어루만져 주면 좋아서 호의를 보여 준다. 무슨 다른 속셈이 있어서 이와 같은 애정 표시를 하고 있는 것이 아니다. 집이나 토지를 팔아넘기려 하거나, 결혼해 달라는 저의는 더욱 없다.

하등의 일도 하지 않고 살아가는 동물은 개뿐이다.

닭은 달걀을 낳고, 소는 우유를 생산하고, 카나리아는 노래를 부르지 않으면 안 되지만 개는 오로지 애정을 사람에게 바치는 것만으로도 귀여움을 독차지하며 살아가는 것이다.

내가 다섯 살이 되던 해, 아버지가 황색의 강아지 한 마리를 사오셨다. 그 강아지의 존재는 나에게 있어서 다른 무엇과도 바꿀 수가 없는 기쁨이며 광영이었다.

매일 오후 4시 30분쯤 되면, 강아지는 앞마당에 앉아서 맑은 눈동자로 가만히 집 안쪽을 쳐다보고 있었다. 내 목소리가 들리거나 혹은 식기를 들고 있는 내 모습이 나무숲 사이로 보이기만 하면 마치 총알처럼 숨을 헐떡이며 달려와서는 기뻐 날뛰는 가운데 짖어대거나 꼬리를 치고는 했다.

그로부터 5년 동안, 강아지 디삐는 내 둘도 없는 친구였다. 그런데 어느 날 10피트도 떨어지지 않은 내 눈앞에서 디삐는 죽었다. 벼락을 맞은 것이다. 디삐의 죽음은 한평생 잊을 수 없는 슬픔을 내 어린 마음에 남기고 갔다.

디삐는 심리학에 관한 책을 읽은 적도 없으며 그럴 필요도 없었다. 상대의 관심을 사려고 하기보다는 상대에게 순수한 관심을 보여주는 편이 훨씬 많은 사람을 알게 된다는 것을 본능으로 알고 있었던 것이다.

거듭 되풀이해서 말하지만 친구를 얻는 데는 상대의 관심을 끌려고 하기보다는 상대에게 순수한 관심을 보내는 일이 더 중요하다.

그런데 세상에는 타인의 관심을 사기 위해 엉뚱한 노력을 계속해 그 잘못을 깨닫지 못하는 사람이 많이 있다.

이래서는 아무리 노력해도 소용이 없다. 사람은 대체로 남의 일에 관심을 갖지 않는다. 오직 하루 종일 자기의 일에만 관심을 갖고 있는 것이다.

뉴욕의 전기회사에서 '어떤 말이 가장 많이 사용되고 있는가.' 하고 그 통화내용을 연구한 적이 있다. 생각대로 가장 많이 사용되고 있는 단어는 '나'라는 말이었다. 5백 번의 통화에 무려 3,990번이나 '나'라는 말이 사용되었다.

여러 사람과 함께 찍혀 있는 사진을 볼 때 우리는 제일 먼저 누구의 얼굴을 찾는가? 이 질문에 대해서 군이 대답할 필요는 없을 것이다. 자기가 타인에게 관심을 가지고 있다고 생각하는 사람은 다음 질문에 대답해 주기 바란다.

"만약 당신이 오늘 밤 죽었다고 한다면 몇 사람의 조문객이 장례식에 참석해 줄 것인가?"

또 다음의 질문에도 대답해 주기를 바란다.

"당신이 상대방에게 관심을 가지지 않는데도 어찌하여 상대가 당신에게 관심을 가질 수 있겠는가?"

단순히 남을 감탄하게 해서 그 관심을 일으키려고 하는 것만으로는 결코 참다운 친구를 만들 수는 없다. 참다운 친구는 그러한 방식으로는 만들 수가 없는 것이다.

세기의 영웅 나폴레옹도 그렇게 할 수 없었다. 그의 아내 조세핀과 헤어질 때 그는 이렇게 말했다.

"조세핀, 나는 세계 제일의 행운아다. 그러나 내가 진실로 신뢰할 수 있는 사람은 당신뿐이오."

그러나 이 조세핀조차 그에게 있어서 과연 신뢰할 수 있는 인간이었던가 하는 것은 매우 의심스러운 일이라고 역사가들은 말할 것이다.

빈의 유명한 심리학자 알프레드 아들러는 그 저서에서 다음과 같이 말하고 있다.

"타인의 일에 관심을 갖지 않는 사람은 고난의 인생을 걷지 않으면 안 되며, 타인에 대해서도 커다란 폐를 끼칠 뿐이다. 인간의 모든 실패는 그러한 사람들 사이에서 생겨난다."

"심리학"에 관한 책은 많지만 그 어느 것을 읽어도 이만큼 우리에게 있어서 의미심장한 말은 좀처럼 찾기 힘들 것이다. 이 말은 몇 번이고 되풀이해서 음미해 볼 가치가 있다.

나는 뉴욕 대학에서 단편소설을 쓰는 법에 대한 강의를 받은 적이 있다. 그때의 강사는 "고리야즈"지의 편집장이었는데, 그는 매일 데스크 위에 높이 쌓이는 수많은 원고 속에서 어느 것을 집어 두세 군데의 대목만 훑어보아도 그 작가가 사람을 좋아하고 있는지 어떤지 즉각 알아낼 수 있다고 단언했다.

"작가가 사람을 좋아하지 않는다면, 세상사람 역시 그 사람의 작품을 좋아하지 않을 것이다."

이것이 그의 말이다.

이 편집장은 단편소설 쓰는 수법을 강의하는 도중에 두 번씩이나 강의를 중단하고 다음과 같이 말했다.

"설교 냄새가 나서 죄송스럽지만 나는 목사와 같은 말을 하고 싶습니다. 만약 여러분들이 소설가로서 성공하고 싶다면 나에게 관심을 가질 필요가 있다는 것을 마음에 새겨두기를 바랍니다."

소설을 쓰는 데 그것이 필요하다면, 얼굴을 마주보고 사람을 다루는 경우에는 그 세 배 이상은 더 필요할 것이라 생각해도 틀림이 없다.

루스벨트 대통령의 절대적인 인기의 비밀도 역시 여기에 있었다. 하인들 한 사람 한 사람까지도 그를 흠모했으며, 그의 시종 흑인 요리사 제임스 에모스는 "요리사의 입장에서 본 루스벨트"라는 책자를 내놓았는데, 그 책에 다음과 같은 한 대목이 있다.

어느 날의 일이다.

내 아내가 대통령에게 '딱따구리는 어떻게 생겼느냐?'고 물어본 적이 있었다. 그때까지 아내는 딱따구리를 본 적이 없었다. 대통령은 내 아내에게 딱따구리는 어떠어떠한 새라는 것을 입이 닳도록 가르쳐 주었다.

그러고 나서 며칠 후, 우리 집에 전화가 걸려왔다. 아내가 전화를 받으니 상대방은 대통령이었다.

"지금 마침 그쪽 집 창밖에 딱따구리가 한 마리 있으니까 창문으로 내다보면 그 새가 보일 것입니다."

일부러 전화로 알려준 것이다.

이 작은 에피소드가 대통령의 인품을 잘 나타내 보여 주었다. 대통령이 우리의 집 앞을 지나칠 때는 우리의 모습이 보이거나 보이지 않거나 반드시 '이봐, 애니? 어이, 제임스!'라고 친근한 말씨를 던져 주고 갔다.

고용인들은 이러한 주인 같으면 좋아지지 않을 도리가 없을 것이다. 고용인이 아니더라도 누구나 좋아질 것이다.

어느 날, 태프트 대통령의 부처가 부재중에 백악관을 찾게 된 루스벨트는 그의 재임 때부터 일하고 있는 고용인들의 이름을 한 사람도 빠짐없이 기억하고 있어서 부엌의 찬모에게까지 친근한 목소리로 이름을 불러 인사를 했다. 이것은 그가 손아랫사람에 의해 진심으로부터 호의를 품고 있다는 증거가 될 것이다.

요리실에서 일하는 앨리스를 만났을 때 루스벨트는 그녀에게 물었다.

"지금도 여전히 옥수수빵을 굽고 있어요?"

"예, 하지만 지금은 저희들이 먹기 위해 이따금씩 굽고 있을 뿐입니다. 3층 분들은 아무도 드시지 않습니다."

앨리스가 이렇게 대답하자, 루스벨트는 커다란 목소리로 말했다.

"진짜 옥수수빵 맛을 모르는 모양이군. 대통령을 만나면 한마디 말해 주어야겠군."

앨리스가 접시에 담아서 내놓은 옥수수 빵을 한 조각 집어 입에 넣고 씹으면서 그는 밖으로 나갔다.

정원으로 나온 그는 정원사와 다른 일꾼들을 보자, 이전과 조금도 다름없는 친근한 말씨로 하나하나 이름을 부르며 얘기를 걸었다.

일꾼들은 지금까지도 그때의 일을 기억하고 가끔 얘깃거리로 삼는다. 특히 아이크 후버라는 사람은 기쁨의 눈물을 보이면서 다음과 같이 말했다.

"최근 2년 동안에 이렇게 즐거운 날은 없었습니다. 이 기쁨은 도저히 돈으로 바꿀 수 없다고들 얘기를 나누었습니다."

내 경험으로 보아 이쪽이 진심으로부터 관심을 보이면 상대가 아무리 바쁜 사람이라도 관심을 보여 주며, 시간도 내주고 또 협력도 해주는 법이다.

기원전 1백 년 전에 로마의 시인 시라스는 이미 다음과 같이 말한 적이 있다.

"우리는 자기에게 관심을 보여 주는 사람들에게 관심을 보인다."

항상 미소를 지어야 한다

표현은 말 이상의 웅변이다. 미소는 이것을 말한다.

"저는 당신을 좋아해요. 당신 덕분으로 저는 매우 즐겁습니다. 당신을 만나 뵐 수 있어서 기쁘답니다."

개가 귀염을 받는 이유이다. 개는 우리를 보면 기뻐서 어쩔 줄을 모른다. 자연히 우리도 개가 귀엽게 느껴진다.

마음에도 없는 미소, 그런 것에는 아무도 속지 않는다.

그러한 기계적인 미소에는 오히려 화가 치민다. 나는 참다운 미소에 대해서 말하고 있는 것이다. 마음이 느긋해지는 미소, 마음속에서 우러나오는 미소, 천금의 가치를 가진 미소에 대해서 말하고 있는 것이다.

뉴욕의 어느 커다란 백화점 책임자의 말에 따르면, 직원으로서는 진지한 얼굴을 가진 대학원 출신의 아가씨보다도 오히려 사랑스러운 미소를 짓는 초등학교도 제대로 졸업하지 못한 아가씨를 오히려 채용한다는 것이다.

미국 굴지의 고무회사 사장 얘기로는, '일이 재미가 나서 못 견딜 정도가 아니면 좀처럼 성공할 수 없다.'고 말한다. 이 공업계의 거물은 '근면은 희망의 문을 여는 유일한 열쇠'라는 낡은 직언을 그다지 신용하고 있지 않은 모양이었다.

그는 또 이렇게 말했다.

"마치 얼렁뚱땅 소동이라도 벌리고 있는 것처럼 일을 즐기면서 그것으로 성공한 사람을 여럿 알고 있지만, 그러한 인간이 진실로 작업과 씨름을 하게 되면 그만 일이 잘 안 된다는 것이다. 결국 차차로 일에 흥미를 잃고 끝내는 실패하고 만다."

자기와 교제를 하고 상대에게 즐거워하기를 바라는 사람은 우선 상대와 교제하여 자기가 즐거워할 줄 알 필요가 있다.

나는 많은 경영자들에게 눈을 뜨고 있을 동안에는, 매 시간 한 번씩 누군가를 향해서 미소 지어 보일 것을 일주일 내내 계속하고, 그 결과를 내 강연회에서 발표하도록 제안한 일이 있었다.

그것이 어떤 효험을 나타내었는가 한 가지 예를 들어보자.

지금 내 수중에는 뉴욕 주식시장의 중개인 윌리엄 B. 스타인 하트의 수기가 있는데, 그의 수기는 다음과 같다.

나는 결혼해 18년 이상이 되지만 아침에 일어나서 출근할 때까지 아내에게 미소를 보인 적도 없고, 또 스무 마디 이상 다정스런 말을 건넨 적도 없는, 세상에 보기 드문 무뚝뚝한 성미의 소유자이다. 그런데 카네기 선생께서 시킨 대로 일주일간 미소 짓는 생활을 하리라 마음먹었다. 그래서 그 다음 날 아침, 머리칼을 손질하면서 나는 거울에 비친 퉁명스러운 얼굴을 타일러 주었다.

"여보게, 오늘은 그 퉁명한 표정을 그만두게나. 미소를 보내야 해. 자, 빨리 해야지."

아침 식탁에 앉을 때, 나는 아내에게 '밤새 안녕.' 하고 말하면서 빙긋이 웃어 보였다.

상대가 깜짝 놀랄지도 모른다고 선생은 말했지만 아내의 반응은 예상 외로 상당한 쇼크를 받은 모양이었다. 내 아내에게 오늘부터는 매일 이렇게 미소를 지을 테니 그렇게 알라고 말해주었다.

아내는 믿지 못하겠다는 표정이었지만 나는 사실 2개월 동안 그것을 계속하고 있었다.

내가 태도를 바꾼 날 그 후의 2개월간은 일찍 경험한 일도 없는 커다란 행복이 우리 가정에 찾아왔다.

지금은 매일 아침마다 출근할 때 나는 아파트의 엘리베이터 보이에게 미소로 '안녕!'이라는 말을 걸고 경비에게도 미소로 인사하게 되었다. 뿐만 아니라 지하철 창구에서 거스름 돈을 받을 때도 역시 미소를 지어 보였다. 거래처에서도 지금까지 내 웃는 표정을 본 적이 없는 사람들에게도 미소를 짓는다.

그러자 어느새 모든 사람이 다 나에게 미소로 보답하게 되었다. 투정이나 불만 따위를 늘어놓는 사람들에게도 나는 밝은 태도로 대했다. 상대의 주장에도 귀를 기울이면서 미소를 잃지 않도록 하면 문제의 해결도 훨씬 용이해진다. 미소의 덕분으로 내 수입은 한층 늘어났다.

나는 또 한 사람의 중매인과 공동으로 사무실을 사용하고 있다. 미소의 효력에 확신을 가진 나는 그에게 인간관계에 관한 내 새로운 철학을 얘기했다. 그러자 그는, 나를 처음 보았을 때는 몹시 퉁명한 사람으로 보았지만 최근에는 아주 달리 생각하고 있다고 솔직하게 얘기해 주었다. 내 미소에는 인정미가 넘치고 있다고들 한다.

또 나는 남의 험담을 하지 않기로 했다. 험담을 하는 대신에 칭찬하기로 했다. 그리고 내가 원하는 것에 대해서는 아무 말도 하지 않고 오로지 상대방의 입장에 자기를 두고 사물을 생각하기로 노력하고 있다. 그렇게 되자, 내 생활에 혁명적인 변화가 일어났다. 나는 이전과는 전혀 다른 사람이 되어, 수입도 늘고 대인관계에도 도움이 되는 행복한 사람이 되었다.

나는 한 인간으로서 이 이상의 행복을 바랄 수는 없다고 생각한다.

이 수기를 쓴 인물이 뉴욕의 증권시장 중개인이라는 것에 유의해 주기를 바란다. 뉴욕의 증권시장 중개인이라고 말하면 대단히 어려운 사업으로 백 명 중에서 아흔아홉 명이 실패하기 마련이다. 그 위험한 거래에서 안정적 성공을 거둔 유능한 인물이 이 편지를 썼으니만치 의미가 매우 깊다.

미소 따위를 보이고 싶지 않을 경우에는 어떻게 하면 되는가. 방법은 두 가지가 있다.

우선 첫째는 무리하게라도 웃어 보이는 것이고, 둘째는 혼자 있을 때라면 휘파람을 불거나 콧노래를 부름으로써 행복해서 못 견디겠다는 듯이 행세한다. 그러면 정말로 행복한 기분이 생겨나기 때문에 미소는 아주 묘한 것이다.

다음에 인용하는 앨버트 하버드의 말을 잘 읽어 주기 바란다. 그러나 다만 읽는 것만으로는 아무 소용이 없다. 실행해야 한다.

◆ 집에서 나올 때는 항상 턱을 끌어당기고 머리를 반듯하게 세워서 가능한 한 크게 호흡을 할 것.
◆ 가슴을 활짝 열어 태양을 빨아들이도록 한다.
◆ 친구에게 웃는 얼굴로 대하고 악수할 때에는 정성스럽게 마음을 다한다.

- 오해받을 염려 같은 것은 하지도 않고 경쟁자의 일에 심정을 괴롭히지 않는다.
- 하고 싶은 일을 분명히 마음속으로 다진다.
- 똑바로 목표를 향해 돌진한다.
- 항상 크고 훌륭한 일을 성취하고야 말겠다고 생각하고 이것을 항상 염두에 둔다.

그러면 세월이 흐름에 따라서 어느 사이엔가 염원을 달성하는 데 필요한 기회가 자기의 품속에 쥐어진 것을 느끼게 될 것이다. 이는 마치 산호충이 조류로부터 양분을 섭취하는 것과 같다.

예로부터 중국인들은 현명하기도 했지만, 처세에 아주 능숙했다. 그들의 격언에 다음과 같은 것이 있다.

"미소를 지을 줄 모르는 사람은 사업가가 될 자격이 없다."

프랭크 어빙 플래처는 회사의 광고문 속에 다음과 같은 평범한 철학을 말하고 있다.

미소

- 밑천이 들지 않는다. 그러나 이익은 막대하다.
- 베풀어도 줄지 않고 베푼 자는 풍부해진다.
- 한순간만 보아도 그 기억을 영구히 간직할 수가 있다.
- 어떤 부자라도 이것 없이는 살 수가 없으며, 어떤 물질적인 가난뱅이도 이것으로 하여금 풍부해진다.

◈ 가정에 행복을, 사업에는 신뢰를 가져온다.

◈ 우정의 신호탄…….

◈ 피로한 사람에겐 휴식이 된다.

◈ 실의에 빠진 사람에겐 광명이 된다.

◈ 슬퍼하는 사람에겐 태양이 된다.

◈ 괴로워하는 자에게는 자연의 해독제가 된다.

◈ 돈을 주고 살 수도, 강요할 수도, 빌릴 수도, 훔칠 수도 없다. 무
상으로 주어야 비로소 가치가 있다.

상대방의 이름을 기억하자

사람들로부터 호감을 얻는 가장 간단하고 중요한 방법은 상대의 이름을 기억하고, 상대에게 자신감을 갖게 하는 일이다.

1898년 뉴욕의 한 작은 마을에서 불행한 일이 발생했다. 한 사람이 불의의 사고로 죽었기 때문에, 이날 근처 사람들은 장례식에 갈 채비를 하고 있었다.

고인 짐 파레는 마구간에 말을 끌어내리러 갔다. 땅 위에는 눈이 쌓이고 날씨는 유난히 추웠다. 물통이 있는 곳까지 말을 데리고 가는 도중에 말이 갑자기 날뛰며, 뒷발을 높이 치켜들어서 짐 파레가 죽어버린 것이다.

짐 파레는 아내와 세 명의 아들, 그리고 약간의 보험금만을 남겨놓고 세상을 떠났다.

장남도 역시 이름을 짐이라고 했으나 이제 겨우 열 살이 되었을

뿐이며 기와공장에 품팔이를 나가야만 했다. 모래를 짓이겨 나무틀에 넣은 다음, 그것을 나란히 세워 놓고 햇볕에 말리는 것이 그의 일이었다.

어린 짐에게는 학교에 다닐 여가가 없었다. 그러나 어린 소년 짐은 아일랜드 사람 특유의 쾌활성을 지니고 있어서 누구에게나 호감을 샀다.

그가 성장해 정계에 진출하게 되었다. 그는 사람의 이름을 잘 외우는 기이한 능력을 발휘하기 시작했다.

짐은 고등학교 같은 곳은 가본 적도 없었으나 46세가 되었을 때는 네 군데의 대학에서 학위가 주어지고, 민주당 전국위원장과 체신장관을 역임했다.

언젠가 나는 짐과 회견을 갖게 되었다. 그의 성공 비결을 물으니 대답은 이러했다.

"그야 물론 근면입니다."

"농담은 좋아하지 않습니까?"

내가 이렇게 말하니 그는 도리어 내 의견을 물었다.

"그럼 선생님은 제 성공의 비결이 무엇이라고 생각하십니까?"

"그야 당신의 특별한 재능 때문이겠지요. 당신은 무려 1만여 명의 이름을 기억하고 있다고 들었습니다만……."

그러자 그는 즉시 내 말을 정정했다.

"아니, 5만여 명입니다."

프랭클린 루스벨트가 대통령이 되는 데에는 짐의 이 능력이 크게 도움이 되었다고 한다.

짐은 석고회사의 세일즈맨으로 여러 곳을 돌아다녔으며, 스토니 포인트의 관청에 근무하고 있을 때 사람의 이름을 기억하는 방법을 연구해 낸 것이다.

그 방법은 처음에는 지극히 간단한 것이었다. 첫 대면하는 사람으로부터는 또다시 그 성명, 가족, 직업, 그리고 정치에 관한 의견 등을 묻는다. 그리고 그것을 머릿속에 기억해 둔다. 그러면 그는 다음에 만났을 때, 비록 일 년 후가 되어도, 그 사람의 어깨를 두드리며 아내나 아이들의 얘기를 묻거나 정원에 심어져 있는 나무 얘기까지 할 수가 있었다. 그의 지지자가 늘어나게 되는 것은 어쩌면 당연한 일이었다.

루스벨트가 대통령 선거에 출마하기 전 수개월 앞두고 짐은 서부 및 서북부 각 주의 사람들 앞으로 매일 수백 통의 편지를 보냈다.

이어서 그는 기차를 타고 19일 동안 20여 주를 돌았다. 행로의 전 코스는 실로 1만 2천 마일, 그 사이에 마차, 기차, 자동차, 작은 배 등등 거의 모든 교통편을 이용했다.

마을에 도착하자 즉각 그 마을의 사람들과 식사와 차를 함께 나누고 흉금을 털어놓고 얘기를 나누며, 그것이 끝나면 또 다음 마을로 떠나는 그러한 바쁜 일정이었다.

동부로 돌아와서 이번에는 자기가 돌고 온 마을의 대표자들에게 즉시 편지를 보내 회합에 모인 사람들의 명단을 보내줄 것을 의뢰했다. 이리하여 그의 손에 들어온 이름의 수는 수만 명에 이르렀다. 명단에 실린 사람은 한 사람도 빠짐없이 민주당 전국위원장 짐으로부터 친절미가 넘치는 서신을 받았다.

그 편지는 '빌'이라든가 '존'으로 시작해 서명에는 '짐, 제임스의 애칭'으로 되어 있어서 친숙한 벗들 사이의 편지와 같은 투로 쓰여 있었다.

사람들은 남의 이름 따위에는 전혀 관심 밖이지만, 자기 이름에는 그렇지 않다는 것을 짐은 일찍부터 알고 있었다. 상대의 이름을 기억하고 불러준다는 것이 참으로 기분이 흐뭇한 일이며, 부질없는 아첨보다도 몇 배의 효과를 낼 수 있다. 그와 반대로 상대의 이름을 잊어버리거나 틀려서 쓰게 되면 기분을 상하게 한다.

나는 파리에서 웅변술의 강연회를 연 적이 있다. 재불 미국인에게 등사판으로 인쇄한 안내장을 보냈으나 영어의 소양이 없는 프랑스인의 타이피스트에게 주소를 쓰게 한 것이 실수의 원인이었다. 어떤 미국의 대은행 파리 지점장으로부터 이름의 철자가 틀려 있다고 엄중한 항의를 받은 적이 있다.

앤드류 카네기의 성공 비결은 무엇인가?

카네기는 강철 왕으로 불리고 있으나 본인은 제강의 일에 관해서는 거의 아는 바가 없었다. 강철 왕보다도 훨씬 잘 강철에 대해서 알고 있는 수백 명의 사람들은 그는 고용하고 있었던 것이다.

그리고 그는 사람을 다루는 방법을 알고 있었다. 그것이 바로 그를 강철 왕으로 만든 것이다. 그는 어릴 때부터 사람을 조직하고 통솔하는 재능을 보여 주고 있었다.

열 살 때는 이미 인간이라는 것은 자기의 이름에 예사롭지 않은 관심을 가지는 것이라고 자각하고 이 발견을 이용해 남의 협력을 얻었다.

다음에 한 가지 예를 들겠다.

그가 아직 스코틀랜드에 있었던 소년 시절의 얘기지만 어느 날 그는 토끼를 잡았다. 그런데 그 토끼는 새끼를 배고 있었다. 그러자 얼마 되지 않아서 수많은 새끼토끼가 작은 토끼집에 가득 찼다. 이렇게 되니 자연 먹이가 모자랐다.

그때 그에게는 번쩍 기묘한 생각이 떠올랐다. 이웃 아이들에게 토끼의 먹이가 되는 풀을 많이 뜯어온 아이의 이름을 토끼에게 붙여준다고 했다.

이 계획은 어김없이 들어맞았다. 카네기는 이때의 일을 결코 잊지 않았던 것이다.

후일 이 심리를 사업에 응용해 그는 거액의 부를 얻었다. 그리고 또 다음과 같은 얘기가 있다.

그는 펜실베이니아 철도회사에 레일을 팔아넘기려고 하고 있었다. 그 당시는 에드거 톰슨이라는 사람이 그 철도회사의 사장이었다. 그래서 카네기는 피츠버그에 거대한 제철공장을 세운 다음, 그 공장을 '에드거 톰슨 제철소'라고 명명했다.

펜실베이니아 철도회사가 레일을 어디서 구입할 것인가는 독자의 상상에 맡겨도 좋을 것이다.

그 후, 카네기도 조지 풀맨과 침대차의 경쟁 매각이 시작되어 서로가 불꽃을 튕기고 있었다.

강철 왕 카네기는 또 토끼의 교훈을 되새기게 되었다.

카네기의 센트럴 트랜스포테이션 회사와 풀맨의 회사는 유니언 퍼시픽 철도회사에 침대차를 팔려고 서로가 상대의 허점을 노리며 채산을 무시하고 경합을 하고 있었다. 카네기도 풀맨도 유니언 퍼시픽의 수뇌부를 만나기 위해서 뉴욕으로 갔다.

어느 날 밤, 센트니코러스 호텔에서 이 두 사람이 얼굴을 마주쳤다. 카네기가 먼저 상대에게 말을 건넸다.

"아, 풀맨 씨 안녕하십니까? 생각해 보니 우리 두 사람은 서로가 참으로 어리석은 짓을 하고 있는 것 같습니다."

"그게 도대체 무슨 뜻이오?"

풀맨이 되물었다.

그러자 카네기는 이전부터 생각하고 있던 것을 그에게 털어놓았다. 그것은 두 회사의 합병안이다. 풀맨은 주의 깊게 듣고 있었으나 반신반의하는 모양이었다. 이윽고 풀맨은 카네기에게 이렇게 되물었다.

"그렇다면 그 새 회사의 명칭은 어떻게 할 셈이오?"

그러자 카네기는 즉석에서 대답했다.

"물론 풀맨 파레스 차량회사로 하죠."

풀맨은 금세 얼굴빛을 반짝이며 대답했다.

"그럼 내 방으로 가서 조용히 상의합시다."

이 협상은 미국 공업사에 새로운 장을 여는 계기가 되었다.

이와 같이 친구나 거래 관계자의 이름을 존중하는 것이 카네기의 성공 비결의 한 가지였다. 뿐만 아니라 카네기는 자기의 회사에서 일하고 있는 많은 노동자들의 이름을 기억하고 있는 것을 자랑으로 삼고 있었다. 그리고 그가 기업의 진두에 서 있는 동안에는 파업 사태가 한 번도 일어나지 않았다고 자만하고 있었다.

이것은 또 다른 얘기이지만 유명한 피아니스트 파르레프스키는 침대차의 흑인 요리사에 대해 '미스터 코파'라고 정중한 호칭을 사용하고 이로 인해 상대에게 자기의 중요감을 느끼게 했다.

파르레프스키는 열성 있는 청중의 요청에 따라 15회나 전국 연주 여행을 떠났다. 그때는 전용차를 타고 가지만 연주회가 끝난 후의 밤참은 반드시 자기의 요리사가 만들게 했다.

파르레프스키는 그 흑인 요리사를 미국식으로 '조지' 따위로 격하시켜 부르는 일은 한 번도 없었다. 유럽식의 진지한 태도로 어떤 경우에도 '미스터 코파'라고 불러 주었다. 그것이 당사자인 미스터 코파에게는 매우 기뻤던 것이다.

인간은 자신의 이름에 남다른 애착을 가지고 있으며 어떻게든 이름을 후세에 남기려 한다.

한때 인기를 모았던 미국의 서커스 창시자이자 흥행사인 P. T. 바넘조차도 자기의 이름을 계승해 줄 자식이 없는 것을 걱정하다가 결국 손자인 C. H. 시레에게 자신의 이름을 쓰면 25,000달러를 내주겠다고 제의했다.

그리고 또 예나 지금이나 부자들은 책의 저자에게 돈을 지불하면서 '이 책을 아무개에게 바친다.'라고 자신의 이름을 책에 기입하는 걸 좋아한다.

대개의 사람은 남의 이름을 별로 잘 기억하고 있지 않다. 바빠서 기억할 여가가 없다는 것이 그 이유이다.

그러나 아무리 바빠도 프랭클린 루스벨트보다 더 바쁜 사람은 없을 것이다. 그 루스벨트가 우연히 마주친 한 기계공의 이름을 기억하기 위해 애를 쓴 적이 있었다.

그것은 까닭은 다음과 같다.

크라이슬러 자동차회사가 루스벨트를 위해 특별 승용차를 제작한 일이 있는데, W .F. 첸바렌이 기계공과 함께 그 차를 가지고 대통령 관저로 갔다. 그때의 일을 첸바렌이 내게 보낸 편지에서 다음과 같이 말하고 있다.

저는 대통령께 특수한 장치가 많이 붙어 있는 자동차의 조종법을 가르쳐 드렸습니다만 그는 저에게 멋진 인간 조종법을 가르쳐주셨습니다. 관저를 찾으니 대통령께서는 매우 상쾌한 표정으로 제 이름을 불러서 얘기를 해주셨기 때문에 저는 매우 마음이 놓였습니다.

특히 감명 깊었던 것은 제 설명에 진심으로 흥미를 가져주신 일입니다. 그 차는 두 손만으로 조종할 수가 있게 되어 있었습니다. 구경꾼들이 몰려들었습니다.

그때 대통령은 이렇게 말씀하셨습니다.

"이건 정말 훌륭하군. 단추를 누르는 것만으로 자유롭게 조종할 수 있다니 대단하군. 어떤 장치가 되어 있을까. 틈나면 분해를 해서 충분히 속을 들여다보고 싶군."

대통령께서는 자동차에 눈이 팔려 있는 사람들이 보는 앞에서 제게 또 말씀하셨습니다.

"첸바렌 씨, 이렇게 훌륭한 자동차를 만들기 위해 애를 많이 쓰셨겠죠. 정말 훌륭합니다."

라디에이터, 백미러, 시계, 조명 기구, 차내 장식, 조종석 트렁크 등등을 하나하나 다시금 확인하면서 매우 감탄하고 계셨습니다.

대통령은 제 고충을 충분히 이해해 주셨던 것입니다.

그리고 또 대통령은 영부인과 노동장관 미스 퍼킨스 등 주위에 있는 분들에게도 이 자동차의 새로운 장치를 보여 주고 설명하시는 것을 잊지 않았습니다.

아울러 일부러 나이 지긋한 흑인 종업원을 불러서 '조지, 이 특제의 슈트케이스는 특별히 잘 조심해서 취급해야겠어.'라고 일러주시기도 하였습니다.

운전 연습이 끝나자 대통령께서 제게 말씀하셨습니다.

"첸바렌 씨, 벌써부터 연방 준비은행 사람들을 30분이나 기다리게 하고 있기 때문에 오늘은 이 정도로 해둡시다."

저는 그때 기계공을 한 사람 데리고 갔었습니다.

관저에 도착했을 때 그도 대통령께 소개되었습니다만 그 후는 잠자코 있었습니다. 대통령께서는 그의 이름을 한 번밖에 들은 적이 없을 것입니다. 본래가 내성적이어서 이 남자는 시종 사람들의 그늘에 속에 숨어 있었습니다.

그런데 마지막으로 우리가 작별할 때가 되자, 대통령께서는 그 기계공을 찾아내어 그의 이름을 부르면서 악수를 하고 치하했습니다. 더구나 그 말씨는 결코 일상에서 쓰는 그런 형식적인 것이 아니고 진심으로부터의 감사에 넘쳐 있었습니다.

저는 그것을 뚜렷이 알 수가 있었습니다.

뉴욕으로 돌아와서 수일 후 저는 대통령이 직접 사인을 한 사진과 감사장을 받았습니다. 대통령은 도대체 어떻게 이런 여가를 만들어냈는지 모르겠습니다.

저는 참으로 기이하게 생각했습니다.

프랭클린 루스벨트는, 사람에게 호감을 얻는 가장 간단하고 흔히 알려져 있는, 그러면서도 가장 중요한 방법은 사람의 이름을 기억하고, 상대에게 자신감을 갖게 하는 일임을 알고 있었다.

그런데 그것을 알고 있는 사람이 세상에 몇이나 될까?

처음 보는 사람과 1~2분 동안 대담을 나누고 막상 일어서려고 할 때는 상대의 이름을 생각해낼 수 없는 경우가 흔히 있는 법이다.

"유권자의 이름을 외우는 것, 그것이 정치적 수완이다. 그것을 잃어버리는 것은 곧 잊히는 것이다."

이는 정치가가 배워야 할 제1과제이다.

타인의 이름을 기억하는 것은 사업이나 사교에도 정치의 경우와 같이 중요한 일이다.

나폴레옹 3세는 나폴레옹의 조카뻘이 되는 사람이지만, 그는 바쁜 와중에도 불구하고 한 번 소개받은 일이 있는 사람의 이름을 모두 기억할 수 있다고 공언했다.

그가 사용한 방법은 매우 간단하다.

상대의 이름을 뚜렷이 들을 수가 없을 경우에는 '미안하지만 한 번 더 말씀해 주십시오.'라고 부탁한다. 만약 그것이 아주 이상한 이름 같으면 '어떤 글자를 쓰십니까?'라고 묻는다.

상대와 얘기하고 있을 때 그는 몇 번이나 상대의 이름을 되풀이하고 상대의 얼굴이나 표정, 모습 등과 함께 머릿속에 그려 넣기 위해 노력했다.

만약 상대가 중요한 인물 같으면 그는 더욱 노력을 거듭한다. 자기 혼자 시간이 되면 곧 메모지에 상대의 이름을 적고 그것을 쳐다보고 정신을 집중시켜 뚜렷이 기억한 후 그 메모지를 찢어내 버렸다.

이렇게 해서 눈과 귀와 양쪽을 동원해 기억하는 것이다.

이것은 꽤 시간이 걸리는 방법이지만 한번 시도해 봄직하다.

에머슨의 말을 빌리면, '좋은 습관은 사소한 희생을 쌓아감으로써 이루어진다.'고 했다.

진심으로 칭찬하자

뉴욕 8번가에 있는 우체국에서 나는 등기우편을 보내기 위해 줄지어 순번을 기다리고 있었다.

우체국에 근무하는 담당 직원은 매일같이 우편물의 계량, 우표와 거스름돈의 청산, 수령증의 발부 따위의 일정한 기계적인 일에 진절머리가 나는 듯 보였다.

그때 나는 문득 이런 생각이 들었다.

'어디, 이 사람으로 하여금 내게 호의를 갖도록 만들어 보자. 그렇게 하기 위해서는 내 일이 아니고 그의 일에 대해 무엇인가 부드러운 말을 해주어야겠다. 그에 대해서 내가 진정으로 감탄할 수 있는 일은 무엇일까?'

이것은 그리 쉬운 문제는 아니었다. 흔히 상대가 첫 대면의 사람이기 때문에 쉬운 일이 아닌 것이다. 그러던 중 나는 그에 대해서 곧 실로 멋진 일을 찾아낼 수가 있었다.

그가 내 우편물의 중량을 달고 있을 때 나는 진심으로 이렇게 말했다.

"당신의 아름다운 머리칼은 참 부럽군요!"

놀란 표정을 하고 나를 쳐다본 그의 얼굴에는 미소가 꿈틀거리고 있었다.

"웬걸요, 요즘은 전혀 못 쓰게 됐습니다."

그는 겸손하게 이렇게 말했다.

그전에는 어떠했는지 알 수는 없으니 어쨌든 훌륭하다고 나는 진심으로 얘기했고, 그의 기쁨은 매우 흐뭇한 것이었다. 우리는 겨우 두세 마디 유쾌하게 얘기를 나누었을 뿐인데, 그는 마지막으로 '실은 여러 사람이 그렇게 말해줍니다.'라고 본심을 털어놓았다.

그날 그는 마음이 들떠서 점심시간에 외출했을 것이다. 그리고 집으로 가서 부인에게도 한마디 했을 것이다. 어쩌면 거울을 향해 '역시 멋있어!' 하고 혼잣말로 지껄였음에 틀림이 없다.

이 얘기를 어느 날 나는 공개석상에서 끄집어냈다. 그러자 '그렇게 함으로써 선생님은 그 사람으로부터 무엇을 기대하고 있었습니까?'라는 질문을 하는 사람이 있었다.

내가 무엇을 기대하고 있었다니! 무슨 말을 하는 것일까?

타인을 기쁘게 했다거나 칭찬을 했다고 해서 무슨 보수를 받지 않으면 마음이 편치 않다는 그런 인색한 생각을 가진 친구들은 당연히 대인관계에서 실패할 것이다.

아니, 사실은 나도 역시 보수를 바라고 있었다. 내가 바라고 있었던 것은 돈으로는 살 수가 없는 것이다. 그리고 분명히 그것을 손에 넣었다. 그를 도와주고 더구나 그에게는 하등의 부담도 주지 않았다고 하는 시원스러운 심정이 그것이다. 이러한 심정은 언제까지나 즐거운 추억이 되어서 남는 것이다.

이보다 더한 대가가 어디 있을까? 이것이 내가 바란 대가라면 대가일 것이다.

인간의 행위에 관해서 중요한 법칙이 한 가지 있다. 이 법칙에 따르면 대개의 분쟁은 피할 수가 있다. 이것을 지키기만 하면 친구는 수없이 많아지며 항상 행복을 느낄 수가 있다. 그러나 이 법칙을 깨뜨리게 되면 그날로 당장에 끝없는 분쟁에 휩쓸리게 된다.

이 법칙이란 항상 사람에게 자신감을 갖게 하는 일이다.

2
받고 싶거든 스스로 베풀어야 한다

이미 말했듯이 존 듀이 교수는 '중요한 인물이 되고자 하는 욕망은 인간의 가장 뿌리 깊은 욕구'라고 말하고 있다.

또 윌리엄 제임스 교수는 '인간성의 근원을 이루는 것은 타인에게 인정받고 싶다는 소망'이라고 단언하고 있다.

이 욕망이 인간과 다른 동물을 구별 짓는 잣대라는 것은 이미 언급한 대로이지만 인류의 문명도 인간의 이러한 욕망에 의해 진전되어 왔다.

인간관계의 법칙에 대해서 철학자들은 수천 년에 걸쳐서 사색을 계속해 왔다. 그리고 그 사색 속에서 오직 한 가지 중요한 교훈이 생겨난 것이다.

그것은 결코 새삼스러운 교훈이 아니다. 인간의 역사와 같이 오랜 것이다.

3,000년 전의 페르시아에서 조로아스터는 이 교훈을 배화교도에 게 전했고, 2,500년 전의 중국에서는 공자가 그것을 설득했다. 도교 의 개조 노자도 그것을 제자에게 가르쳤다.

그리스도보다도 5년 빨리 석가모니는 성스러운 갠지스강의 기슭 에서 이것을 깨우쳤고 그보다 1,000년 전의 힌두교 성전에도 이것이 설파되어 있다. 그리스도는 2,000년 전에 바위산에서 이 가르침을 내렸다.

그리스도는 그것을 다음과 같은 말로 설법했다.

"남으로부터 받고 싶거든 당신 스스로 베풀어라!"

사람은 누구나 주위의 사람으로부터 인정받기를 원한다. 자기의 진가를 인정해 주기를 바란다. 작으나마 자기의 세계에서는 자기가 중요한 존재라는 것을 느끼고 싶은 것이다. 빤히 들여다보이는 아첨 은 듣고 싶지가 않다. 그 반면에 진심으로부터의 칭찬에는 굶주려 있다.

누구나 마음만 있으면 누구에게든 베풀 수 있다.

한 가지 예가 있다.

어느 날 나는 뉴욕의 록펠러 센터에 있는 세계적인 환락의 중심가 에 위치한 라디오 시티 안내원에게 헨리 스벤의 사무실 번호를 물었 다. 산뜻한 유니폼으로 단장한 그 안내원이 친절하게 위치를 가르쳐 주었다.

"헨리 스벤이라, 그곳은 18층 1816호실입니다."

그는 조금도 망설이지 않고 대답해주었다.

나는 서둘러 엘리베이터 쪽으로 가다가 다시 되돌아와서 그 안내원에게 말했다.

"방금 그 태도는 훌륭합니다. 이는 누구도 흉내 낼 수가 없겠습니다."

그는 내 말에 환한 웃음으로 답했다. 그는 중간에 말을 끊었다가 또박또박 그렇게 말했는데, 그 기묘한 발음의 이유를 내게 들려주었다. 내 한 마디 칭찬으로 그의 마음이 흐뭇했던 것이다.

18층까지 올라가면서 나는 인류의 행복의 총량에 일조한 듯한 기쁨을 맛보았다.

이와 같이 '칭찬의 철학'을 응용하면 큰 효과를 거둘 수 있다.

가령 레스토랑에서 직원이 주문한 것과 다르게 가져왔을 경우에도, '수고를 끼쳐 미안하지만 나는 커피보다도 홍차를 들고 싶군요.' 하고 친절하게 말하면 직원은 군소리 없이 선뜻 바꾸어 온다. 상대에게 경의를 나타내 보였기 때문이다.

이렇게 친절한 말씨를 쓰면 단조로운 일상생활의 톱니바퀴에 기름 치는 역할을 하는 것과 같으며 동시에 그의 사람됨을 증명하는 것이 된다.

또 한 가지 예를 들어보자.

홀 케인은 "그리스도교도", "만섬의 재판관", "만섬의 사나이" 등의 소설을 쓴 유명한 작가이지만 본시 그의 아버지는 대장간을 하는 사람이었다. 학교는 8년 남짓밖에 다니지 않았지만 나중에는 세계 굴지의 부자가 되었다.

홀 케인은 14행시나 민요를 좋아했으며 영국의 시인 댄디 가브리엘 로제티에 심취해 있었다. 그래서 그는 로제티의 예술적 공로를 크게 찬양한 논문을 써서 그 사본을 로제티에게 보내 주었다. 로제티는 물론 기뻐했다.

'내 능력을 이처럼 높이 살 줄 아는 청년은 반드시 훌륭한 인물임에 틀림없을 것이다.'

그렇게 생각한 로제티는 이 대장간 집의 아이를 런던으로 불러서 자기의 비서로 삼았다. 이것이 홀 케인의 생애에 있어서 커다란 전환점이 되었다.

이 새로운 직업에 종사하면서 그는 당시의 유명한 문인들과 직접 가깝게 사귈 수가 있었으며, 그들로부터 조언과 격려를 얻어 홀 케인은 새로운 인생 항로를 출발하고 나중에는 이름을 세계에 떨치게 되었다.

'만'섬에 있는 그의 저택 그리프 캐슬은 세계 여러 곳에서 밀어닥치는 관광객의 메카가 되었다. 그가 남긴 재산은 250만 달러에 달했다고 전해지고 있는데, 만약 그가 유명한 시인에 대한 찬미의 논문을 쓰지 않았다면 그는 가난한 무명인의 생애를 보냈을 것이다.

진심으로부터의 칭찬은 이와 같이 헤아릴 수 없는 위력이 있다. 로제티는 자기를 중요한 존재라고 생각하고 있었다. 당연한 일이다. 인간은 거의 예외 없이 그렇게 생각하고 있는 것이다.

세계 속의 어느 나라 인간도 모두 그렇게 생각하고 있다.

미국인 중에는 일본인에 대해 우월감을 느끼고 있는 사람이 있다. 그런데 일본인도 미국 사람보다는 훨씬 잘났다고 생각하고 있는 것이다. 백인이 일본인 부인과 댄스를 추고 있는 것을 보고 분개한 보수적인 일본인도 있다.

힌두교도에 대해서 우월감을 가지고 있든 말든 그것은 외국인의 자유이지만, 어쨌든 힌두교도들은 외국인보다도 한없이 자기들이 우수하다고 생각하고 있다. 그러니까 이교도인 외국인의 그림자가 닿은 음식은 더럽혀진 것이라고 결코 그것을 손대지 않는다.

에스키모인에 대해서 우월감을 느끼느냐 느끼지 않느냐 하는 것은 어디까지나 개인의 자유이지만 에스키모인이 백인에 대해서 어떤 생각을 가지고 있는지 그것을 한번 소개해 보자.

에스키모인 사회에도 부랑자는 있다. 그러한 게으름뱅이고 몹쓸 인간을 에스키모인은, '백인 같은' 인간이라고 비유한다. 에스키모 사회에서 이것보다 더한 경멸은 없다고 한다.

이와 같이 어느 나라 국민이든 저마다 타국인보다도 우수하다고 생각하고 있다. 그것이 애국심을 낳고 전쟁을 일으키는 원인이 되기도 한다.

사람은 누구나 타인보다도 어떤 점에서는 뛰어나다고 생각한다. 그러니까 상대의 마음을 확실하게 손에 넣는 방법은 상대가 상대인 만큼, 세계에서 중요한 인물이라는 것을 솔직하게 인정하고 그 일을 상대에게 깨닫게 하는 일이다.

에머슨이, '어떤 사람도 자기보다 어떤 특수한 점에 있어서는 뛰어나 있고 배울 것을 갖추고 있다.'고 말한 것을 되새겨 주기를 바란다.

그런데 불쌍한 일은 하등 남에게 자랑할 만한 장점을 갖추지 못한 인간이 그로 인한 열등감을 터무니없는 자만심이나 자기선전으로 눈가림하려는 경우이다.

셰익스피어는 이러한 사정을 '오만불손한 인간이다! 부질없는 하등의 건더기도 안 되는 것을 미끼로 천사조차 울리려고 하는 거짓 수작으로 속이려고 하고 있다.'라고 표현하고 있다.

칭찬의 원칙으로 성공한 사람들

'칭찬의 원칙'을 응용해 성공을 거둔 세 사람의 얘기를 소개해 보겠다.

세 사람 모두 내 강연회의 수강자이다.

우선 코네티컷 변호사의 얘기인데, 이름을 밝혀 두지 않기를 원하는 사람이다. R 씨라고 해두자.

그는 부인과 함께 롱아일랜드에 있는 부인의 친척집을 방문했다. 연세 지긋한 숙모의 집에 도착하자마자 부인은 R 씨를 숙모의 말상대로 남겨두고, 자기는 다른 친척집으로 가버렸다.

R 씨는 '칭찬의 원칙'을 실험한 결과를 강연회에서 보고하기로 되어 있었기 때문에, 우선 노^老 숙모에게 한번 시도해 보려고 마음먹었

다. 그리하여 그는 진심으로 감탄할 수 있는 것을 찾아내려고 온 집 안을 둘러보았다.

"이 집은 1890년경에 지은 집이죠?"

그가 물으니 숙모가 대답했다.

"그래요, 꼭 1890년에 세웠어요."

"제가 태어난 집도 꼭 이런 집이었어요. 훌륭한 건물입니다. 아주 썩 잘 지어진 건축물입니다. 널찍하고…… 요즈음은 이런 집을 세울 수가 없게 됐습니다."

R 씨의 얘기를 듣자 숙모는 그의 뜻을 알고 기쁜 듯이 맞장구를 쳤다.

"정말 그래요. 지금의 젊은 사람들은 집 구조에 전혀 관심을 갖지 않아요. 비좁은 아파트에 냉장고, 게다가 돌아다니기 위해서는 자가용이 젊은 사람들의 이상인 것 같아요."

옛날의 추억을 그리워하는 여운이 그녀의 말씨에서 우러나오고 있었다.

집 안의 안내가 끝나자 숙모는 R 씨를 차고로 데리고 갔다. 그곳에는 신품과 다름없는 차 한 대가 들어 올려져 있는 채로 있었다. 그것을 가리키면서 숙모는 조용히 말을 했다.

"남편이 죽기 전에 이 차를 샀습니다만 나는 이 차를 타본 적이 없어요……. 당신은 물건의 좋고 나쁜 것을 아는 사람이군요. 나는 이 차를 당신에게 선물하고 싶은데 어떤가요?"

"숙모님, 그건 곤란합니다. 물론 마음은 고맙습니다만 이 차는 제가 받을 수가 없습니다. 저는 숙모님과 혈연관계가 있는 것도 아니고 자동차 같으면 저도 최근에 산 것이 있습니다. 이 차를 탐내고 있는 가까운 친척분이 많이 계실 것 같은데요?"

R 씨가 사양을 하니 숙모는 언성을 높여 말했다.

"친척이야 얼마든지 있죠. 이 차가 탐이 나서 내가 죽기를 기다리고 있는 그러한 친척들 말이에요. 그렇지만 그런 사람들에게 이 차를 줄 수는 없어요."

"그럼 중고 자동차상에 팔아 버리면 좋겠네요."

"팔다니! 내가 이 차를 팔 것이라고 생각해요? 어디 누군지 모르는 사람이 마구 굴리고 다닌다는데 참을 수 있다고 생각하나요? 이 차는 남편이 나를 위해서 사준 차란 말이에요. 팔다니, 꿈에도 생각할 수 없어요. 당신에게 주고 싶단 말이에요. 아름다운 것의 가치를 알 수 있는 사람에게!"

R 씨는 어떻게 상대의 마음을 상하지 않게 하면서 거절하려고 하였으나 도무지 그러한 얘기를 꺼낼 수가 없는 처지였다.

넓은 자택에서 오직 홀로 추억만을 되새기고 살아온 이 노 부인에게는 사사로운 칭찬에도 굶주려 있었던 것이다. 그녀에게도 한때는 젊고 아름다웠으며, 남들이 소문을 일으킨 시절도 있었던 사랑의 집을 짓고 유럽의 각지에서 사들여온 물건으로 방을 장식한 일도 있었다.

그러나 지금은 늙고 외로운 노인에 불과했다. 그래서 남의 조그마한 진심과 칭찬에도 여간 마음이 흐뭇하지 않을 수 없었다. 그럼에도 아무도 그러한 것을 주려 하지 않았다. 그러니까 그녀는 R 씨의 이해성이 있는 태도에 사막 속에서 오아시스를 발견한 기쁨같이 그 차를 선물하고 싶었던 것이다.

다음은 도널드 M. 맥마흔 씨의 얘기이다.

뉴욕에 있는 어떤 조경회사의 사장을 지내는 맥마흔 씨의 경험은 다음과 같다.

강연회에서 '사람을 움직이는 법'의 강의를 들은 후 얼마 되지 않아서 나는 어떤 유명한 법률가의 정원을 꾸미고 있었다. 그 집 주인이 마당으로 나와서 나에게 철쭉꽃과 석남화를 심을 장소를 일일이 알려주고 있었는데, 그때 내가 문득 말을 붙였다.

"선생님께서는 아주 즐겁겠습니다. 저렇게 훌륭한 개를 많이 키우시니, 메디슨 스퀘어 가든의 개 품평회에서 댁의 개가 많은 상을 탔다지요?"

이 뜻밖의 찬사에 대한 반응은 정말 놀라웠다.

그는 무척 자랑스러운 듯이 말했다.

"정말 즐거운 일이지요. 어디 개집으로 한번 안내를 할까요?"

그는 한 시간 이상이나 개 자랑을 늘어놓고 그 개와 상패를 하나하나 보여 주더니, 그러다가 개의 혈통증서까지 꺼내 와서는 개의 우열을 좌우하는 것에 대해 설명해주었다.

나중에는 그가, "당신 집에 남자 아이가 있소?" 하고 묻기에 있다고 대답하니, "그 아이는 강아지를 좋아하나요?" 하고 물었다.

"예, 강아지를 무척 좋아합니다."라고 대답을 하니 그는, "그럼 좋소, 내가 강아지 한 마리 아이에게 선물하겠소." 하고 자진해서 말했다.

그는 강아지를 키우는 요령을 설명하기 시작했으나 잠시 생각하더니 "입으로만 얘기해서는 잊어버릴지 모르겠군. 종이에 적어 주지." 하고 말한 뒤 나를 남겨놓고 집 안으로 들어갔다. 그리고 혈통 증서와 양육법에 대한 타이핑한 것을 갖추어, 가지고 가면 백 달러나 값이 나가는 강아지를 내게 주었다.

그뿐만 아니라 그의 귀중한 시간을 한 시간 반이나 쪼개어 준 것이다. 이것이 그의 취미와 성과에 대해서 보낸 솔직한 찬사의 선물이었다.

또 하나의 예이다.

코닥 사진기로 유명한 조지 이스트만은 활동사진에 있어서 빼놓을 수가 없는 투명 필름을 발명해 거액의 부를 쌓은 세계 굴지의 대실업가였다. 그러한 대사업을 성취한 사람이라도 역시 우리와 같이 조그마한 찬사에도 대단히 감격해했다.

그 얘기를 소개해 보자.

벌써 오래전 얘기지만 이스트만은 로체스터에 이스트만 음악 학교와 그의 어머니를 기념하는 길본 홀을 건축하고 있었다.

뉴욕의 고급 의자 제작회사를 운영하는 제임스 애덤슨 사장은 이 두 개의 건물에 부착시킬 좌석의 주문을 따내고 싶었다. 그리하여 애덤슨은 건축가에게 연락을 취해서 이스트만과 로체스터에서 만나기로 약속했다.

애덤슨이 약속 장소에 도착하자, 그 건축가가 그에게 주의를 시켰다.

"당신은 이 주문을 꼭 따내고 싶겠죠. 그렇다면 당신은 이스트만의 시간을 5분간 이상 소비하게 되면 성공의 가능성은 없다고 보아야 합니다. 이스트만은 까다로운 사람으로 알려져 있으며 또 무척 바쁜 사람이므로 가능한 한 빨리 얘기를 마무리 지어야 합니다."

애덤슨은 시킨 대로 할 작정으로 마음먹고 있었다.

애덤슨이 그의 방에 들어가자, 이스트만은 책상을 향해서 산더미 같이 쌓인 서류에 눈을 팔고 있었다. 잠시 후 이스트만은 얼굴을 들고 안경을 벗은 다음 건축가와 애덤슨 씨 쪽으로 걸어와서 말을 건네었다.

"안녕하십니까? 그런데 두 분의 용건이 무엇이죠?"

건축가의 소개로 인사가 끝나자, 애덤슨은 이스트만에게 말했다.

"아까부터 저는 이 방의 훌륭한 꾸밈새에 감탄했습니다. 저는 실내장식이 전문입니다만, 지금까지 이렇게 훌륭한 방을 본 적이 없습니다."

그러자 조지 이스트만이 대답했다.

"하긴 그렇게 말씀하시는 것을 들으니 이 방이 만들어졌을 때의 일이 생각나네요. 꽤 좋은 방이죠. 만들어진 그 당시는 나도 기쁘게 생각했지만 최근에는 바쁜 시간에 쫓겨서 몇 주간이나 이 방이 좋은 것도 잊어버리고 지내지요."

애덤슨은 일어서서 벽에 걸린 판자를 쓰다듬으면서 말했다.

"이것은 영국산 떡갈나무군요. 이탈리아산 떡갈나무와는 줄무늬가 좀 다릅니다."

그러자 이스트만이 입을 열었다.

"그렇죠. 영국에서 수입했지요. 재목에 대해서 잘 아는 친구가 나를 위해서 골라주었지요."

이렇게 말한 다음 이스트만은 방의 균형, 색채, 손 조각의 장식, 그 밖에 그 자신이 고안한 곳곳 등 여러 가지를 애덤슨에게 설명해 주었다.

두 사람은 퍽 조밀한 방의 구조를 둘러보다가 창가에 멈추어 서게 되었다.

이스트만은 사회사업의 일환으로 자신이 세운 여러 시설에 대해 조용한 어조로 겸허하게 얘기를 꺼내기 시작했다. 로체스터 대학, 종합병원, 동계의 병원, 그 밖의 아동병원 등의 이름을 열거했다.

애덤슨은 이스트만의 인류의 고통을 경감하기 위해 그의 재력을 사용하고 있는 이상주의적인 방법에 대해서 진심으로 찬사를 표현했다.

그러자 이스트만은 유리 상자를 열어서 그가 최초로 입수했다는 사진기를 꺼내들었다. 그것은 어떤 영국인으로부터 사들인 발명품이었다.

애덤슨은 이스트만이 장사를 시작했을 무렵의 고생에 대해서 질문을 했다.

그러자 이스트만은 가난한 소년 시절을 회고하고 과부인 어머니가 값싼 하숙집을 경영하는 한편, 자기는 일급 50센트로 어떤 보험회사에 근무하고 있었다는 것 등을 실감나게 말해 주었다.

빈곤의 공포에 밤낮으로 시달려 있던 그는 어떻게 해서든지 가난을 물리치고 모친을 값싼 하숙집 영업의 중노동에서 해방시켜야 하겠다고 결심했다고 한다.

애덤슨은 질문을 계속했고, 이스트만은 사진 건판 실험을 할 무렵의 얘기를 해주었다. 사무실에서 하루 종일 일에 몰두했다는 것, 약품이 반응을 일으키는 짧은 시간을 이용해 수면을 취하면서 밤새워 실험한 일, 때로는 72시간을 잠잘 때나 일할 때나 옷을 입은 채로 지냈다는 것 등등 이스트만 씨의 얘기는 끝이 없었다.

애덤슨이 이스트만의 방으로 들어간 것은 오전 10시 15분이었으며, 5분 이상 얘기를 끌면 안 된다고 하는 말을 듣고 있었지만 이미 두 시간을 경과하고 있었다.

그래도 아직 얘기는 끝나지 않았다.

이스트만이 애덤슨을 향해 다음과 같이 말했다.

"지난번 일본에 갔을 때 의자를 사와서 집의 앞뜰에 놓았지요. 그런데 그것이 햇볕을 받고 칠이 벗겨져서 최근에 페인트를 사와서 내가 직접 칠을 새로 했어요. 내 페인트칠 솜씨가 어떤지 보시겠어요?

우리 집으로 와주십시오. 점심을 한 뒤에 보여드리도록 하지요.”

점심 식사 후에 이스트만은 애덤슨에게 의자를 보여주었다.

한 개에 1달러 50센트를 주었다는 싸구려 의자가 억만장자에게는 어울리지 않는 초라한 것이었으나 그래도 자기 스스로 페인트칠을 했다는 것이 대견스러운 모양이었다.

9만 달러에 달하는 좌석의 주문이 과연 누구에게 낙찰되었는가 하는 것은 새삼 말할 것이 없다. 그 이후 이스트만과 애덤슨은 평생의 친구가 되었다.

우리는 이처럼 놀라운 효과를 가지는 ‘칭찬의 원칙’을 어느 누구에게보다도 자기 가정에서나마 시험해 보아야 할 것이다. 가정만큼 그것을 필요로 하는 곳이 없으며 가정만큼 그것이 등한시되고 있는 곳 또한 없다.

어떤 아내나 남편에게도 반드시 장점은 있다. 적어도 남편이나 부인이 그것을 인정했기 때문에 결혼이 성립됐을 것이다.

그런데 당신은 아내나 남편의 매력을 찬미하지 않은 지 어느 정도의 세월이 지나갔는가?

수년 전 나는 미라미치강 상류까지 낚시질을 하러 간 일이 있다. 캐나다의 넓은 수림 지대에서 깊숙이 오지로 들어가서 마을과 떨어진 곳에 캠프를 쳤다.

그때 가지고 간 읽을거리라고는 오직 한 장의 지역 신문뿐이었다.

나는 그것을 구석구석 광고에 이르기까지 빠짐없이 읽어 보았다. 그 기사 속에 도로시 디스크 여사가 쓴 기사가 실려 있었다. 꽤 좋은 기사였기 때문에 그 부분을 오려서 지금까지 보존하고 있다.

그 기사에 의하면, 그 여사는 신부에게 주는 교훈은 귀가 따갑도록 들었으나 오히려 신랑에게야말로 다음과 같은 교훈을 주어야 한다는 것이다.

입에 발린 소리를 능숙하게 할 수 있을 때까지는 절대로 결혼해서는 안 된다. 독신으로 있는 동안은 여성을 칭찬하든 말든 자유이지만 일단 결혼하게 되는 날이면 상대를 칭찬해 주는 것이 필수 조건이다.

이는 자신의 안전을 위해서도 필요불가결하다. 솔직한 발언을 하는 것은 금물이다. 결혼 생활은 외교와 같은 것이다.

만족스러운 나날을 보내고 싶으면 결코 아내의 살림살이에 대해서 비난을 하거나 심술궂게 다른 여자와 비교해서는 안 된다. 거꾸로 언제나 아내의 살림 솜씨를 치켜 주고, 재색 겸비한 이상적인 여자와 결혼하게 된 것을 행운으로 생각한다는 것을 보여 주어야 한다.

비록 비프스테이크가 소가죽처럼 굳어 있고, 토스트가 검은 숯처럼 타 있어도 결코 잔소리를 해서는 안 된다. '다만, 오늘은 적당하게 잘 안 구워져 있는 것 같아.' 하는 정도로 가볍게 해두면 된다. 그러면 아내는 남편의 기대에 맞추려고 몸이 가루가 되도록 일할 것이다.

이 방법을 갑자기 시작하는 것은 좀 생각해야 한다. 아내가 이상하게 생각하기 때문이다. 우선 오늘 밤이나 내일 아침, 그녀에게 꽃이나 과자를 선물로 사가지고 가는 것이 좋을 것이다.

'응 그것도 좋겠네.' 하는 정도로 말해서는 쓸모가 없다. 본격적으로 해야 한다. 미소를 보이면서 부드러운 말씨를 한두 마디 걸어 본다. 이것을 실행하는 남편이나 아내가 늘어나게 되면 이 세상의 이혼율은 많이 줄어들 것이다.

여성에게 사랑을 받고 싶으면 이 비결을 전수해야 한다. 꽤나 효력이 있는 방법이지만, 실은 이것은 내가 생각해낸 것이 아니고 도로시 디스크 여사로부터 얻어들은 얘기이다.

디스크 여사는 23명이나 되는 여성의 사랑과 재산을 송두리째 가로챈 유명한 결혼 사기꾼과 인터뷰를 한 적이 있었다.

그 장소는 형무소였는데, 여성에게 사랑받는 방법에 대해 그의 대답은 이러했다.

"별로 어려운 일은 없어요. 상대의 여자 자신에 대한 얘기만 하고 있으면 됩니다."

이 방법은 남성에 대해서도 마찬가지일 것이다.

"상대의 남자 쪽 얘기만 해야 한다. 그러면 상대는 몇 시간이라도 귀 기울이고 싫증을 내지 않을 것이다."

이것은 그 수완을 떨친 영국의 대정치가 디즈래리 수상의 말이다.

3
상대방을 설득하는 방법

1 갤런의 쓴 국물보다도 한 방울의 벌꿀을 사용하는 것이 더 많은 파리를 잡을 수 있다. 부드러움이 능히 강한 것을 꺾는다. 사람을 다루는 비결은 상대의 입장을 동정하고 그것을 잘 이해하는 일이다.

시비를 피해야 한다

시비를 하거나 반박을 함으로써 상대에게 이기는 일도 있을 것이다. 그러나 그것은 헛된 승리이다. 상대의 호의를 절대로 얻어낼 수 없기 때문이다.

제1차 대전 직후의 어느 날 밤, 나는 런던에서 귀중한 교훈을 얻었다. 당시 나는 로드 스미스 경의 매니저 일을 하고 있었다. 로드 스미스 경은 대전 중, 팔레스티나의 공중전에 혁혁한 수훈을 세운 호주의 용사로서, 종전 직후 30일간 세계일주 비행에 성공해 전 세계를 놀라게 했다. 그 당시로서는 실로 전무한 일로써 일대 센세이션을 불러일으켰다.

호주 정부는 그에게 5만 달러의 상금을 주고 영국 국왕은 그를 나이트의 작위에 더함으로써 그는 대영제국의 화제의 중심이 되었다.

말하자면, 그는 영국의 새로운 린드버그가 된 셈이다.

어느 날, 밤 그를 위해 개최된 연회에 나도 출석해 보았다. 모두가 자리하고 있을 때, 내 테이블 옆자리에 있던 사람이 '인간이 첫 손질을 하고 신이 완성시킨다.'라는 인용구에 관련되는 재미나는 얘기를 했다.

그는 이 말이 성서에 있는 문구라고 말했다. 그러나 나는 그의 잘못된 출전을 지적했다. 그래서 나는 자신의 중요성과 우월감을 충족시키기 위해서 그의 잘못을 지적하고 미움받는 역할을 사서 하게 되었다.

"뭐요? 셰익스피어의 문구라고요? 그럴 리가 있습니까. 어리석은 얘기는 대충하시오. 성서에 있는 말이오. 이것만은 틀림없소."

그는 매우 흥분한 기색으로 이렇게 단언했다.

그 사람은 내 오른쪽에 앉아 있었으나 내 왼쪽 좌석에는 옛날부터 친구였던 프랭크 가몬드가 있었다.

가몬드는 셰익스피어의 연구를 여러 해 계속해 온 사람이었기 때문에 가몬드의 의견을 듣기로 했다. 가몬드는 쌍방의 주장을 듣고 있었으나 테이블 밑으로 내 발을 살짝 차면서 다음과 같이 말했다.

"데일, 자네 쪽이 틀렸어. 저분의 말이 옳아. 분명히 성서에 나온 말이야."

그날 밤 나는 연회가 끝나고 돌아오는 길에서 가몬드에게 말했다.

"프랭크, 그건 셰익스피어에게서 나온 말이야. 자네는 잘 알고 있을 게 아닌가?"

"물론 그렇지. '햄릿'의 제5막 제2장의 말이야. 그러나 데일, 우리는 자랑스러운 좌석에 초청받은 손님이야. 왜 그 사람의 잘못을 증명해야 하는가. 증명하면 상대방에게 호감을 사는가? 상대방의 체면도 좀 생각해줘야 할 것이 아닌가. 게다가 상대는 자네에게 의견을 구하지 않았는가. 자네의 의견 따위는 듣고 싶지 않았다는 거야. 시비 따위 할 필요가 어디에 있는가? 어떤 경우에도 모가 나는 일은 피하는 편이 좋아."

'어떤 경우에도 모가 나는 일은 피하는 편이 좋다.'라고 말해 준 친구, 그는 지금 이 세상에 없지만 그 교훈만은 아직까지 내 가슴 깊이 새겨져 있다.

본래 나는 지독히 토론을 좋아하는 편이어서 이 교훈은 내게 있어서 특히 필요했다. 젊을 때의 나는 세상의 모든 일에 대해서 형과 의견을 맞대었다. 대학에서는 논리학과 웅변을 연구하고 토론회에 참가했다. 무척이나 캐고 따지는 것을 좋아해서 증거를 눈앞에 들이대기까지는 좀처럼 투구를 벗지 않았다.

이윽고 나는 뉴욕에서 토론과 변론술을 가르치게 되었다. 지금 생각하니 식은땀이 흐르지만 그 방면의 책자도 펴낼 계획을 세운 일도 있다. 그 후부터 나는 모든 경우에 행해지는 토론을 경청하고 비판하고 스스로가 참가해서 그 효과를 지켜보고 있었다.

그 결과 토론에 이기는 최선의 방법은 이 세상에 오직 한 가지밖에 없는 결론에 도달했다. 그 방법은 시비를 피하는 일이다. 항상 무서운 독을 품고 있는 독사나 지진을 피하듯이 시비를 피하는 일이다.

시비는 거의 예외 없이 서로 자기주장을 더욱 옳다고 확신시키고 끝나 버린다.

시비에 이긴다는 것은 불가능하다. 만약 지게 되면 진 것이고 비록 이겼다고 하더라도 역시 져 있는 것이다.

왜냐하면 설혹 상대를 여지없이 때려눕혔다고 하더라도 그 결과는 어떻게 되는가? 때려눕힌 쪽은 크게 의기양양하겠지만 공격을 당한 쪽은 열등감을 가지고 자존심을 상하게 분개할 것에 틀림없다.

'인간은 억지로 설득을 당해도 수긍은 하지 않는다.'

이 말을 명심해야 한다.

벤 생명보험회사에서 보험 설계사의 수칙 요령으로 다음과 같은 방침을 확립했다.

'시비를 하지 말 것.'

참다운 설계사의 자격은 시비곡절을 잘 따지는 데 있지 않다. 시비의 '시'자도 소용이 없다. 사람의 마음은 시비를 따져서는 바꿀 수가 없다.

그 좋은 예가 있다.

수년 전의 일이지만 내 강연회에 패드릭 J. 오헤아라고 하는 논쟁을 좋아하는 아일랜드 사람이 참가했다. 교양은 별로 없는데 토론을 좋아했다. 이전에는 자가용 운전기사였던 사람이다.

트럭 세일즈맨을 해보았지만 잘되지 않아서 강연을 들으러 왔다고 한다. 두세 가지 질문을 해보니 항상 손님에게 시비를 걸거나 역정을 내고 있었다는 것이 밝혀졌다. 팔아 넘기려는 트럭에 조금이라도 손님이 단점을 지적하면 무턱대고 목청을 돋우었다. 그리고 토론을 하자, 대개 상대방을 통쾌히 이겼다. 그는 나중에 다음과 같이 술회하고 있다.

"상대의 사무실을 나올 때 나는 '어때요, 역시 내게 졌지요?'라고 혼잣말로 중얼거렸습니다. 확실히 상대를 한 대 먹인 것은 틀림없었으나 트럭은 한 대도 팔지 못했습니다."

내가 할 수 있는 최초의 일은 오헤아 씨에게 대화의 요령을 가르치는 일이 아니라 그에게 침묵을 지키게 해 시비를 하지 않도록 하는 일이었다.

그 오헤아 씨가 지금은 뉴욕의 화이트 모터 회사의 일류 세일즈맨이 되어 있다. 그의 성공사례를 그의 말로써 소개하고자 한다.

"가령 지금 제가 물건을 팔러 들어가서 상대로부터, '화이트의 트럭 말인가요? 그건 못 쓰겠어요. 거저 주어도 거절하겠어요. 산다면 ○○의 트럭을 사겠어.'라고 말했다고 칩시다. 그럼 '아, 그 말씀은 옳은 말씀입니다. ○○의 트럭은 물론 좋죠. 그것을 사시면 틀림이 없

습니다. 회사도 훌륭하고 판매원도 매우 우수합니다.'라고 저는 말
합니다. 이렇게 되면 그쪽 사람은 두 마디째의 말발이 서지 않습니
다. 시비의 여지가 없기 때문입니다. 상대가 OO의 차가 가장 좋다
고 말하고 이쪽도 그렇다고 대답하니 상대에게 할 말이 없을 수밖에
없습니다. 이쪽이 동의하고 있는데 또 그 이상 OO가 가장 좋다고
계속 되뇔 수만은 없는 노릇입니다. 그래서 이번에는 화제를 바꾸어
서 저희 회사 트럭의 장점에 대해서 비로소 얘기를 끄집어내는 것입
니다.

옛날의 저 같으면 이런 얘기를 듣기만 하면 당장에 울컥 성이 치
밀어서 OO의 나쁜 점을 욕하기 시작했을 것입니다. 제가 성을 돋우
면 돋울수록 상대는 OO의 편을 들게 됩니다.

지금 돌이켜 생각해보면 그런 식으로 세일즈를 했어도 용하게 견
뎌낸 것이 제 스스로도 이상할 정도입니다. 저는 오랫동안 시비와
싸움으로 손해를 계속보고 있었던 것입니다. 그러나 지금은 굳게 입
을 다물고 있습니다. 덕분에 장사는 번창할 따름입니다."

벤저민 프랭클린은 다음과 같이 말한다.

"시비를 하거나 반박을 함으로써 상대에게 이기는 일도 있을 것이
다. 그러나 그것은 헛된 승리이다. 상대의 호의는 절대로 얻어낼 수
가 없기 때문이다."

그러니까 여기서 곰곰이 생각해 주기를 바란다. 이론 투쟁의 화려
한 승리를 얻는 것이 좋은가. 아니면 상대의 호의를 획득하는 편이

좋은가? 이 두 가지는 좀처럼 양립하지 않는다.

"보스턴 트랜스크리프트"지에 다음과 같은 시가 실려 있었다. 그런데 그 의미는 상당히 의미심장한 구석이 있다.

여기에 윌리엄 제이가 영원히 잠들다.

올바르게 살려고 또 올바른 길을 걷다 여기에 잠들다.

올바르지 않은 길을 걸은 자와 똑같이 잠들다.

아무리 올바른 시비를 한다 해도 상대의 마음은 변치 않는다. 그점, 올바르지 않은 시비를 하는 것과 하나도 다를 바가 없다.

우드로 윌슨 내각의 재무장관 윌리엄 G. 맥도버는 다년간의 정치 생활에서 '아무리 무지한 인간일지라도 시비로 이기기는 불가능하다.'는 것을 깨달았다고 말한다.

'무지한 인간'이라고 하는 것은 맥도버 씨가 상당히 겸손하게 자기를 낮추어 얘기한 것이다. 내 경험으로는 지능지수의 여하를 불문하고 어떤 인간에게도 시비는 먹혀 들어가지 않는다.

실례를 들어보자.

소득세 상담을 하고 있는 파슨즈라는 사람이 어느 날 세무감사관과 한 시간에 걸쳐서 토론을 벌이고 있었다. 9천 달러의 한 항목이 문제가 된 것이다.

파슨즈의 주장은 그 9천 달러는 사실상 빚으로 도산된 악성 채권

이므로 도저히 회수가 불가능하니 과세 대상이 되어서는 안 된다는 것이었다.

"빚으로 도산했다고요? 말도 안 되는 소리요! 그건 당연히 과세의 대상이 됩니다."

감사관은 도저히 승낙을 하지 않았다. 그때의 대화 내용을 파슨즈 씨는 내 강연회에서 공개했다.

그 감사관은 냉혹하고 오만하며 완고해서 아무리 이유를 설명해도, 또는 그 전후 사실을 나열해도 전혀 받아들이지 않았다. 시비를 하면 할수록 고집불통이 되었다. 그래서 나는 시비를 그만두고 화제를 바꾸어서 상대를 자랑하기로 했다.

나는 '정말 선생님의 일은 힘드시겠어요. 이런 문제 같은 것은 극히 사소한 일이겠지만 보다 액수가 많은 어려운 일을 하고 계시겠죠? 저는 조세 공부를 조금밖에 하지 못했다만 그것도 제 경우는 책에서 얻은 지식에 불과합니다. 선생님은 실지 경험에서 무한한 지식을 얻으셨겠죠. 저도 선생님과 같은 일을 맡게 되면 좋았을 것이라고 생각합니다. 반드시 좋은 공부가 될 것입니다.'라고 말하였지만 이는 아직 내 본심이 아니었다.

그러자 감사관은 의자를 다시 고쳐 앉더니 자랑스럽게 자기의 직업에 대해서 긴 사설을 늘어놓기 시작했다. 자기가 적발한 교묘한 탈세사건의 얘기를 하다 보니 그 어조도 점점 부드러워졌다. 끝에 가서는 자기의 아들 얘기까지 내게 얘기해 주었다.

돌아갈 즈음에 그는 문제의 항목을 좀 더 생각한 다음에 이삼 일 내로 회답을 하겠다고 말하고 사무실을 나갔다.

3일 후, 그는 사무실로 찾아와서 세금이 내가 신고한 대로 결정된 뜻을 전했다.

이 감사관은 인간의 가장 보편적인 약점을 들어내고 있는 것이다.

그는 자신의 중요성을 보이고 싶었던 것이다. 파슨즈 씨와 논쟁을 하고 있는 동안에 자기의 권위를 행세함으로써 중요성을 과시하고 있었던 것이다. 그런데 자기의 중요성이 인정되자 논쟁은 중지되고 자아의 확대가 일어나 즉각적으로 친절미가 있는 선량한 인간으로 변한 것이다.

나폴레옹의 집사를 하고 있던 콘스턴트는 황후 조세핀과 자주 당구를 쳤다. 그가 쓴 '나폴레옹의 사생활 회고록'에는 다음과 같은 고백이 쓰여 있다.

"내 당구 솜씨는 상당한 것이었지만 황후에게는 항상 이기는 것을 양보하도록 했다. 그것이 황후에게는 매우 기뻤던 모양이다."

이 고백은 매우 귀중한 교훈을 내포하고 있다.

우리도 손님이나 애인 혹은 남편이나 아내와 말다툼을 하는 일이 있을 경우 상대에게 승리를 양보하는 미덕도 지녀야 한다.

석가모니는 이렇게 말했다.

"미움은 결코 미움으로써 영원히 사라지지 않는다. 미움은 사랑을 가지고서야 비로소 사라진다."

시비와 논쟁도 마찬가지이다. 오해는 논쟁을 통해 결코 영구히 해결되지 않는다. 임기응변, 사교성, 위로, 그리고 상대의 입장에서 동정적으로 생각하는 친절미를 보여 주어야 비로소 해결이 된다.

링컨은 어느 날 동료와 싸움질만 하고 있는 한 청년 장교를 나무란 적이 있다.

"자기의 향상을 염두에 두고 있는 사람은 시비 같은 것을 하고 있을 여가가 없을 것이다. 더구나 시비의 결과 마음이 불쾌해지거나 자제심을 잃어버리던가 하면 더욱더 싸움은 할 수가 없다. 이쪽에 오 푼의 이치밖에 없을 경우에는 아무리 중대한 일이라도 상대에게 양보해야 한다. 이쪽에 십 푼의 이치가 있다고 생각될 경우에도 사소한 일 같으면 양보하는 것이 좋다. 골목에서 사나운 개를 만나면 권리를 주장해서 물리기보다는 개에게 길을 양보하는 것이 현명하다. 비록 개를 죽였다고 치더라도 개에게 물린 상처는 쉽게 낫지 않을 것이다."

상대의 잘못을 지적해서는 안 된다

하루빨리 당신의 적과 화해해야 한다. 남을 납득시키려면 외교적인 사람이 되어야 한다. 상대의 잘못을 따지는 것으로는 아무런 이익도 생겨나지 않는다는 것을 확신한다.

루스벨트가 대통령이 되었을 때 자기가 생각하는 일이 백 가지 중에서 일흔일곱 가지만 옳으면 자기로서는 그것이 바랄 수 있는 최고의 것이라고 다른 사람에게 말한 바 있다.

이런 위인조차 이렇다고 한다면 우리는 대체 어느 정도일까.

자기가 생각하는 일이 55%까지 옳다고 자신 있게 믿는 사람은 월가로 진출해 하루에 백만 달러를 벌어들이고, 요트를 사고 절세의 미인과 결혼할 수가 있다. 그것이 55%에 달할 자신이 없다고 한다면 그러한 인간은 남의 잘못을 지적할 자격이 과연 있다고 하겠는가.

눈짓, 말씨, 몸짓으로 상대의 잘못을 지적할 수가 있지만 이것은 분명히 상대를 욕질하는 것과 하등의 변화가 없다.

그렇다면 사람은 왜 무엇 때문에 상대의 잘못을 지적하는가?

상대의 동의를 얻기 위해? 천만의 말씀이다.

상대는 자기의 지능, 판단, 자랑, 자존심에 뺨을 얻어맞고 있는 것이다. 당연히 보복이 있을 것이다. 생각을 바꾸려고 엄두를 낼 까닭이 없다. 아무리 플라톤이나 칸트의 논리를 설득해 들려주어도 상대의 의견은 변하지 않는다. 상처를 입는 것은 논리가 아니라 감정이기 때문이다.

"그럼 당신에게 그 이유를 설명하겠소."

이러한 서두는 금지해야 한다. 이것은 '나는 당신보다 머리가 좋다. 잘 타일러서 당신의 생각을 고쳐 주겠다.'라고 말하고 있는 것과 같다.

그야말로 도전적이다. 상대에게 반항심을 일으키고 전투의 준비를 시키는 것과 같다.

타인의 생각을 고치게 하는 것은 가장 혜택이 갖추어진 조건 아래에서도 대단한 일이다. 무엇이 필요해서 조건을 악화시키는가. 스스로 손발을 묶어놓은 것과 다름없지 않은가. 사람을 설득하고 싶으면 상대에게 눈치 채지 않도록 해야 한다. 누구에게도 눈치 채지 않도록 교묘하게 해야 한다.

"가르치지 않는 척하면서도 상대를 가르치고, 상대가 모르는 일은 그가 잊어버리고 있었다고 말해 준다."

이것이 비결이다.

체스터필드 경(1694~1773, 영국의 정치가, 외교관)이 자식에게 준 처세 중에 다음과 같은 구절이 있다.

"될 수 있으면 남보다 현명해져라. 그러나 그것을 남이 알게 해서는 안 된다."

나는 20년 전에 믿고 있던 일을 지금은 거의 모두 믿지 못하게 되었다. 아직까지 믿고 있는 것은 구구단의 셈을 헤아리는 것뿐이다. 그런데 아인슈타인의 책을 읽고 그 구구단조차도 의심이 생기게 되었다. 이후 20년이 지나면 나는 이 책에 자기가 주장하고 있는 것도 믿지 않게 될지도 모른다.

현재의 나는 이전과 달리 만사에 확신을 가질 수가 없게 되었다. 소크라테스는 제자들에게 되풀이해서 다음과 같이 말했다.

"나는 오로지 한 가지 일밖에 모른다. 그것은 나는 아무것도 모른다는 바로 그것이다."

내가 아무리 잘났다고 하더라도 소크라테스보다 현명할 리는 없다. 그러니까 타인의 잘못을 지적하는 따위의 흉내는 일체 하지 않기로 정했다. 이 방침 덕분으로 나는 여간 이득을 본 것이 아니다.

상대가 틀렸다고 생각했을 때는, 생각할 뿐만 아니라 사실 그것이 명백한 잘못이 있을 때는, 다음과 같이 서두를 꺼내도 좋다고 생각하는데 실은 어떨지 모르겠다.

"실은 저는 그렇게 생각하고 있지 않았습니다만, 아마 제 잘못일 겁니다. 저는 자주 틀립니다만 잘못되어 있다면 고치려고 생각합니다. 다시 잘 생각해 보도록 하지요."

이 '아마 내 잘못일 겁니다. 나는 자주 틀립니다. 다시 잘 생각해 보도록 하지요.'라는 문구에는 이상할 만큼 효력이 있다.

이에 대해서 반대할 사람은 결코 없을 것이다.

이것은 또한 과학적인 방법이기도 하다.

북극 탐험가로서 유명한 과학자 스토퍼슨은 물과 고기만으로 11년간 북극권 생활을 계속한 체험의 주인공인데, 내가 그로부터 어떤 실험의 얘기를 들은 적이 있다.

이 실험에 의해 무엇을 증명하려고 했는가를 내가 묻자, 그는 다음과 같이 대답했다.

"과학자라는 것은 아무것도 증명하려고 하지 않습니다. 다만 사실을 발견하려 할 뿐입니다."

나는 아직도 이 과학자의 말이 잊히지 않는다.

우리도 과학적으로 사물을 생각하기로 하면 어떨까. 자기만 그런 생각이 되면 언제든지 할 수가 있을 것이다.

'아마 내 잘못일 것이다.'라고 말하면 귀찮은 일이 생겨날 염려는 절대로 없다. 오히려 그것으로 시비가 종결되고 상대도 이쪽에 지지 않고 관대하며 공정한 태도를 취하고 싶어질 것이며 자기도 틀려 있을지도 모른다고 반성할 마음을 일으킨다.

상대가 분명히 잘못 알고 있을 경우에 그것을 노골적으로 지적하면 어떤 사태가 일어나는가?

그 좋은 예를 말해 보자.

뉴욕의 젊은 변호사 S 씨가 미국 최고 재판소의 법정에서 변론을 하고 있었다. 그 사건에는 상당한 거액의 돈이 중요한 법률문제와 더불어 포함되어 있었다.

논쟁이 한창 진행될 때 재판관이 S 씨에게 물었다.

"해사법에 의한 기한의 규정은 6년이지요?"

S 씨는 한참 동안 잠자코 재판관의 얼굴을 쳐다보고 있다가 이윽고 퉁명스럽게 대꾸했다.

"재판장님, 해사법에는 기한 규정이 없습니다."

그때의 사정을 S 씨는 내 강연회에서 다음과 같이 말했다.

"순간 법정은 물을 끼얹은 듯 조용해지고 차가운 공기가 맴돌았다. S 씨는 자신의 말이 옳았고, 재판관이 틀려 있다는 것을 지적했을 뿐이다.

그러나 상대는 그것으로 내게 호의를 가졌을까? 아니, 나는 지금도 내가 옳았다고 믿고 있다. 그때의 변론도 좀처럼 드문 성과였다고 믿고 있다. 그러나 상대를 납득시키는 힘은 아주 없었다."

S 씨는 재판관의 잘못을 지적함으로써 그에게 수치심을 안겨주는 큰 실책을 저질렀을 뿐이다.

원칙대로만 움직이는 사람은 좀처럼 없다.

대개의 사람은 편견을 가지고 선입견, 질투, 시기심, 공포, 뒤틀린 마음, 자부심 등에 침식당하고 있다. 그리고 자기들의 사상이나 종교, 머리 깎는 법 등의 생각을 좀처럼 바꾸려 하지 않는다.

만약 남의 잘못을 지적하고 싶으면 다음의 문장을 읽고 난 다음에 하는 것이 좋다.

제임스 로빈슨 교수의 명저 '정신의 발달 과정'의 한 구절을 인용해 보자.

우리는 그다지 심한 저항을 느끼지 않고 자기의 사고방식을 봐주는 경우가 흔히 있다. 그런데 남으로부터 잘못을 지적당하면 화를 내고 고집을 부린다.

우리는 실로 애매한 동기에서 여러 가지 신념을 갖게 된다. 그러나 그 신념을 누군가가 바꾸려고 하면 우리는 악착스럽게 반대한다.

이 경우 우리가 중시하고 있는 것은 분명히 신념 그 자체는 아니며 위기에 처한 자존심이다.

'내'라는 단순한 말은 실은 이 세상에서는 가장 중요한 말이다. 이 말을 올바르게 포착하는 것이 사려와 분별의 시작이다.

‘내’ 식사, ‘내’ 개, ‘내’ 집, ‘내’ 아버지, ‘내’ 나라, ‘내’ 하느님, 그 아래 무엇이 이어지든지 이러한 ‘내’라는 말에는 같은 강도의 의미가 담겨져 있다.

우리는 자기의 것이라면 시계이든 자동차이든 혹은 또 천문, 지리, 역사, 의학 그 외의 지식이든 어쨌든 그것이 욕을 먹게 되면 한결같이 화를 낸다.

우리는 지금까지 진실이라고 받아들여 온 것을 언제까지나 믿고 싶은 것이다. 그런데 그 신념을 흔들어놓는 대상이 나타나면 분개한다.

그리고 어떻게든지 구실을 만들어 처음의 신념을 물고 늘어지려고 한다.

결국 우리의 논의는 대개의 경우, 자기의 신념을 고집하기 위한 과정에 불과한 경우가 허다하다.

상대의 의견에 경의를 표해야 한다

어느 날 나는 실내장식 디자이너에게 방 안의 커튼을 만들게 한 일이 있었다. 그리고 청구서가 도착하자 나는 숨통이 막히는 듯한 생각이 들었다. 너무 비쌌기 때문이다.

며칠 후, 어떤 부인이 찾아와 그 커튼을 유심히 보고 있어서, 값을 들려주니 그녀는 마치 조소하는 듯한 어조로 이렇게 말했다.

“어머, 참으로 예상외의 값이군요. 많은 돈을 버신 모양이죠?”

실은 그녀가 말한 대로이다. 그러나 자기의 어리석음을 비웃는 듯한 말에 좋아하는 듯 귀 기울이는 인간은 거의 없다. 나 역시 한바탕 애써 변명했다. 나쁜 것은 결국 가격이 낮다거나, 고급 예술품은 더욱 비싼 것은 당연하다는 등 여러 가지로 말주변을 늘어놓았다.

그런데 다음 날, 또 다른 한 부인이 찾아와 같은 커튼을 보더니 한껏 칭찬하고 자기도 그 커튼을 갖고 싶다고 수선을 떨었다. 그에 대한 내 반응은 전혀 달라져 있었다.

"실은 저도 이러한 물건을 살 돈은 없었어요. 아무래도 바가지를 쓴 것 같은 생각이 듭니다. 주문하지 않았더라면 좋았을 것이라고 후회하고 있어요."

우리는 자기의 잘못을 스스로가 시인하는 일이 종종 있다. 또 그것을 타인으로부터 지적된 경우, 상대의 처사가 부드럽고 교묘하면 깨끗이 머리를 숙이고 오히려 자기의 솔직함이나 배짱이 큰 것을 자랑으로 느끼는 일도 있다. 그러나 상대가 그것을 강제로 자꾸 우겨대면 그렇게 되지는 않는 법이다.

남북전쟁을 할 무렵, 전국에 이름을 떨친 호러스 그릴리라는 편집장이 있었다.

그는 링컨의 정책에 크게 반대를 했다. 그의 논박은 조소와 비난 따위의 기사에 의해 링컨의 의견을 바꾸려고 몇 년 동안이나 버티어 나갔다. 링컨이 흉탄에 쓰러진 날에도 그는 링컨에 대한 불손하기 짝이 없는 인신공격을 그치지 않았다.

그래서 효과가 있었을까? 물론 없다. 조소나 비난으로 의견을 바꾸게 할 수는 없는 일이다.

사람을 다루는 법과 자기의 인격을 연마하는 방법을 알고 싶으면 벤저민 프랭클린의 자서전을 읽으면 된다. 또 그것은 미국 문학의 고전이기도 하다.

이 자서전에서, 프랭클린은 어떻게 해서 자기의 논쟁을 좋아하는 나쁜 버릇을 극복하고, 유능함과, 인간관계가 부드럽다는 것과 사교적인 면에 있어서는 미국 제일의 인물이 될 수 있었는가를 말하고 있다.

프랭클린이 혈기 왕성하던 청년 시절의 얘기이다.

어느 날 그는 친구인 퀘이커교도로부터 아무도 없는 곳에서 엄격한 설교를 당했다.

"벤, 자네의 의견은 틀렸네. 자네는 의견이 다른 상대방에 대해서는 마치 모욕을 주듯 시비를 벌이곤 하는데, 너무 그러면 자네의 의견을 들어줄 사람은 아무도 없을 것일세. 자네가 옆에 있지 않은 것이 자네 친구들을 위해서는 여간 반갑지 않은 것일세. 자네는 자신이 가장 만물박사라고 생각하고 있어. 그러니까 아무도 자네에게 말을 걸려고 하지 않는 거야. 사실 자네와 얘기를 하면 불유쾌하게 될 뿐이니까. 이후는 상대하지 않겠다고 다들 그렇게 생각하고 있단 말이야. 그러니까 자네의 지식은 언제까지나 지금 이상으로는 발전할 가능성이 없네. 지금의 보잘것없는 그 지식 이상으로는 말이야."

이처럼 강경한 비난을 순순히 받아들인 것이 프랭클린의 위대한 점이다. 이 친구의 충고대로 자기는 지금 파멸의 심연을 향해 나아가고 있다고 깨달은 점이 바로 그가 위대하기도 하고 현명하기도 한 점이다.

그래서 그는 심기일전했다. 그리고는 종래의 거만하고 독선적인 태도를 즉각 일축하고 새로운 태도를 취했던 것이다.

프랭클린은 다음과 같이 그때의 일을 다음과 같이 회상했다.

"나는 남의 의견에 정면으로 반대하거나 자기의 의견을 단정적으로 말하지 않기로 했다.

결정적인 의견을 의미하는 그런 말, 가령 '확실히'라든가 '틀림없이' 따위와 같은 말은 일체 사용하지 않고 그 대신에 '저로서는 이렇게 생각하지만……'이라든가 '나는 그렇게 생각되지만…….' 하고 말하기로 했다.

상대방이 분명히 잘못된 말을 주장해도 곧 그것에 반대하거나, 상대의 잘못을 지적하는 것을 단념했다.

그리고 '하긴 그러한 경우도 있겠지만, 그러나 이 경우는 좀 사정이 다르게 생각되는데…….'라는 식으로 운을 떼기도 했다.

이렇게 해서 지금까지의 방법을 바꾸어 보니 매우 이익이 되었다. 타인과의 대화가 지금보다도 훨씬 쉽게 진척되었다. 겸손하게 의견을 말하니 상대는 곧 납득을 하고 반대하는 사람도 적어졌다. 자신의 잘못을 인정하는 것이 그다지 고통스럽지 않게 되었으며, 또 상대의 잘못을 보다 더 쉽게 인정시킬 수 있었다.

이 방법을 처음 사용하기 시작했을 무렵에는, 자기의 성질을 억제하는 데 상당한 고민을 느꼈으나 마지막에는 능히 그것을 극복하게 되었으며 몸에 배인 습관이 되어 버렸다.

아마 지난 55년 동안에 걸쳐서 내가 독단적인 말을 쓰는 것을 들은 사람은 아무도 없었을 것이다. 새 제도의 설정이나 구제도의 개혁을 내가 제안하면 모두가 즉각 찬성해 준 것도 또한 시회의원으로서 시회를 움직일 수가 있었던 것도 주로 내 제2의 천성이 되어버린 이 방법 덕분이라고 생각한다.

애당초 나는 입담이 없어서 결코 웅변가라고는 할 수가 없었다.

말의 선택에 시간이 걸리고 생각난 말도 그렇게 적절한 경우는 드물었다. 그러면서도 나는 대개의 경우, 자기의 주장을 밀고 나갈 수가 있었던 것이다."

이러한 프랭클린이 방법이 과연 비즈니스에 도움이 되는지 어떤지 예를 들어 말해보자.

뉴욕의 리버티 가에서 제유관계의 특수 장치를 판매하고 있는 F. J. 마하니 씨의 얘기이다.

그는 롱아일랜드의 중요한 단골로부터 제작 주문을 받았다. 상대방에게 청사진을 보이고 그것으로 좋다는 결론이 나와서 그 장치의 제작에 착수했다.

그런데 뜻밖의 장애가 일어났다. 그것을 사려는 단골고객이 그 장치 얘기를 친구들에게 얘기하자 친구들은 그 장치에 중대한 결함이 있다고 말했다.

그러자 그 손님은 터무니없는 물건에 속아 넘어갔다고 생각하고, 그 장치가 너무 넓거나 짧다며 이러쿵저러쿵 온갖 말을 쏟아내었다.

그리고 끝내 그 손님은 마하니 씨에게 전화를 해서 제작 중인 주문품을 받아들일 수가 없다며 일방적으로 계약을 파기해버렸다.

그때의 경위를 마하니 씨는 다음과 같이 말했다.

나는 그 제품을 샅샅이 재검토해 틀림이 없다는 것을 확신했다.

사는 사람이나 그 친구들의 얘기는 전혀 엉뚱한 것이었지만 지금 그것을 말해 버려서는 만사가 끝장날 것이라고 생각했다.

나는 그를 만나기 위해서 롱아일랜드로 찾아갔다.

그의 사무실로 들어서자마자 몹시 험한 표정으로 그 손님은 냅다 소리쳤다. 흥분한 나머지 당장이라도 덤벼들 듯이 이성을 잃고 있었다.

나는 그가 실컷 화를 내도록 내버려두었다. 한참 후, 그가 불쑥 내뱉었다.

"자, 이제 어떻게 할 것인가요?"

나는 극히 조용한 어조로 말했다.

"사장님이 원하시는 대로 하겠습니다. 사장님은 돈을 지불하니까 당연히 희망하는 물건을 손에 넣으셔야 할 것입니다. 그러나 누군가가 이 책임을 지지 않으면 안 됩니다. 만약 사장님이 옳다고 생각하신다면 새로운 설계도를 내놓아 주십시오. 지금까지 우리는 2천 달러의 비용이 들었지만 사장님을 위해서 기꺼이 그만한 돈은 우리 쪽에서 부담하겠습니다. 그러나 사장님이 말씀하신 대로 했을 경우에는 당연히 책임은 사장님이 지시지 않으면 안 됩니다. 그런데 우리의 설계대로, 우리는 아직도 그것이 옳다고 확신하고 있습니다만, 제작을 맡긴다면 계속해서 책임은 우리가 지겠습니다."

내 말이 끝나자 그의 흥분은 어느 정도 가라앉고 있었다.

그는 결국 '좋아요. 그럼 당신이 하던 대로 하시오. 그러나 만약 당신의 설계가 틀렸다면 손해를 감수해야 할 것이니 각오하시오.' 하고 결론은 지었다.

내 방법은 결코 틀리지 않았다. 그 후 우리의 사업은 틀림이 없었고, 그리하여 그 단골 고객은 계속해서 같은 장치를 두 개나 더 주문을 해왔다.

그렇기는 하지만 그때 내가 그 사람으로부터 받은 모욕은 심했다.

나를 풋내기라고 말했을 때, 시비하지 않기 위해서 참는 것은 고된 일이었다. 그러나 참은 만큼의 보람은 있었다.

만약 그때 상대를 족치고 나섰다면 어떻게 되었을까. 소송으로 발전해 골치 아픈 문제로 괴로워하고 엄청난 손실을 입은 끝에 중요한 고객을 잃는 결과가 되었을 것이다.

나는 그때의 경험을 통해, 상대의 잘못을 따지는 것으로는 아무런 이익도 생겨나지 않는다는 것을 확신한다.

또 다른 예를 한 가지 더 보자. 이러한 얘기는 세상에 허다하게 있을 줄로 안다.

뉴욕의 가드너 W. 테일러 목재회사의 세일즈맨 R. U. 크로레는 여러 해 동안 거래처의 완고한 목재 검사원들을 상대로 하여 시비를 하고 시비를 할 때마다 상대를 윽박지르고는 했다.

그러나 그것으로 결코 좋은 결과는 얻어지지 않았다. 크로레의 말에 따르면 목재 검사원 따위의 패거리는 야구의 심판관과 같으며 일단 단정을 내리면 결코 그것을 바꾸려 하지 않는다고 한다.

그는 논쟁에는 이겼으나 그 때문에 회사는 5천 달러의 손해를 입었다. 그래서 그는 내 강연회에 참가하고 지금까지의 방법을 바꾸고, 시비는 일체 하지 않기로 결심했다.

그래서 어떤 결과가 얻어졌는가.

강연회에서 그가 말한 체험담을 들어보자.

어느 날 아침, 사무실의 전화가 요란스럽게 울렸다.

그것은 전에 발송한 한 트럭 분량의 목재 품질이 나빠서 도저히 받을 수가 없다는 한 단골 거래처 공장으로부터 온 전화였다. 짐을 내리고 있던 일을 중단하고 있으니 빨리 인수하러 오라는 것이다. 약 4분의 1을 하역시키고 검사원이, 이 목재에는 절반 이상이 불합격품이 섞여 있다고 보고했기 때문에 이러한 사태가 일어났다는 것이다.

나는 즉각 상대방의 공장으로 달려갔으나 그 도중에 가장 적절한 방법을 생각해 보았다.

이러한 경우에 평소 같으면 나는 다년간의 목재에 관한 지식을 기울여서 등급 판정 기준에 대한 상대방 검사원의 잘못을 지적했을 것이다. 그러나 이번에는 이 강연회에서 배운 원칙을 응용해 보려고 생각했다.

내가 그 공장에 도착하자 검사원이 상을 찌푸리고 당장이라도 덤벼들 듯했다. 나는 상대와 함께 현장으로 가서 어쨌든 목재들을 모두 내려서 보여 달라고 부탁했다.

그리고 지금까지 한 것과 같이 합격품과 불합격품을 골라 나누어서 따로따로 놓아달라고 검사원에게 부탁했다.

검사원이 선별하는 것을 한참 동안 바라보고 있는 동안에 그의 방식이 지나치게 엄격해 판정기준을 잘못 적용하고 있음을 알았다.

문제의 목재는 백송재白松였으나 그의 지식은 견목재樫木材에 한정되어 있어서 검사원의 판단으로서는 백송재가 낙제라는 것도 알게 되었다.

백송재는 내 전문이었다. 그러나 나는 그의 방식에 대해서 구태여 이의를 제기하지 않았다. 한참 동안 잠자코 보고 있다가 차차로 조금씩 불합격의 이유를 물어보기 시작했다.

그러나 상대의 잘못을 지적하는 그러한 태도는 결코 취하지 않고, 이후에는 어떤 물건을 보내면 만족하게 받아들일 수가 있느냐 하는 것을 알고 싶다고 말했다.

상대가 하는 대로 맡겨두고 협조적인 친절한 태도로 묻고 있는 동안에 상대의 심정도 누그러지고 지금까지의 험악한 공기도 사라졌다. 내가 이따금 말하는 주의 깊은 질문이 상대에게 반성의 기회를 주었다.

어쩌면 자기가 불합격품으로써 제쳐두고 있는 재목은 실은 주문을 한 그 등급의 물건이며, 오히려 자기가 주문한 등급 이상의 기준을 적용하고 있는지도 모른다는 자기반성을 그는 깨닫게 된 것이다.

나로서는 바로 그 점을 지적하고 싶었지만 그런 기색은 조금도 보이지 않았다.

결국 차츰 그의 태도가 달라졌다. 마침내 그는 나를 향해서 실은 백송재에 대해서는 별로 경험이 없다고 말하고 짐을 내리는 재목에 대해서 묻기 시작했다. 나는 그 재목이 모두 지정된 등급에는 합격점이라고 설명하고 싶었으나 그렇게 말하지 않고 마음에 들지 않는 것은 하등 구애 없이 도로 가져가겠다고 말했다.

마침내 그는 불합격품을 더 골라내는 일에 마음의 가책을 느끼게 되는 경지에까지 오고 말았다. 그리고 잘못은 결국 자기 쪽에 있는 것을 시인하고 처음부터 보다 상질의 등급을 주문했어야 옳았다고 말했다.

결국 그는 내가 돌아온 뒤 다시 한 번 검사를 한 후에 전부를 합격시켰고 그 대금도 받을 수 있었다.

이 예처럼 약간의 조심성과 상대의 잘못을 지적하지 않는다는 마음가짐으로 한 가지만으로도 목적한 바를 이룰 수 있었던 것이다.

여기에서 언급한 사항은 결코 새로운 무슨 기발한 얘기는 아니다. 그리스도는 '하루빨리 당신의 적과 화해해야 한다.'고 가르쳤다.

말하자면 상대가 누구든 시비를 해서는 안 된다고 했다. 상대의 잘못을 지적해 성화가 나도록 하지 말고 사교적 수완을 발휘해야 한다는 뜻이다.

깨끗이 자기의 잘못을 시인해야 한다

지는 것이 곧 이기는 것이다. 이번 일은 모두가 내 잘못 때문이다. 책임은 나 한 사람에게 있다. 타인의 비난을 받기보다는 자기 스스로 비판하는 것이 훨씬 마음이 편하다.

나는 지도상 뉴욕의 중심가에 살고 있다.

그런데 우리 집 바로 옆에 원시림이 있으니 참 재미가 있다. 이 숲 속에는 검은 딸기 줄기가 봄이 되면 온통 즐비하게 희고 작은 꽃을 피운다. 그 일대를 다람쥐가 집 구멍을 만들어 놓고 새끼를 키우고 있으며, 잡초는 말의 키만큼이나 크게 자라나 있다.

이 숲의 모습은 아마 콜럼버스가 아메리카 대륙을 처음 발견했을 때의 숲과 크게 다르지 않을 것이다.

나는 렉스라고 부르는 불도그를 데리고 이 공원으로 자주 산책을 간다. 렉스는 사람을 잘 따르기 때문에 결코 남을 물거나 덤비는 일은 없다. 게다가 공원에서는 좀처럼 사람을 만날 수가 없기 때문에 나는 렉스에게 쇠줄도, 재갈도 물리지 않고 데리고 간다.

그러던 어느 날, 공원 안에서 기마경찰관을 만났다. 이 경찰관은 자기의 권위를 과시하고 싶어서 안달이 나 있는 사람 같았다. 그는 대뜸 나를 윽박질렀다.

"입 가리개도 하지 않고 개를 데리고 다니다니, 이게 법률에 위반되는 것을 모르오?"

경찰관이 소리를 지르자 나는 조용히 대답했다.

"예, 잘 알고 있습니다. 그러나 저 개는 사람에게 해를 주지 않는 개이기 때문에 괜찮을 거라고 생각했습니다."

"생각했다고? 생각했다는 것이 대체 무슨 뜻이오? 어떻게 생각하든, 그래서 법률이 바뀐다고 생각하는가? 당신의 개가 다람쥐나 아이들을 물게 될지 어떻게 보장해. 오늘은 봐두겠지만 다음에 또 이런 일이 있으면 재판까지 가야 할 것이오."

나는 앞으로 조심하겠다고 순순히 약속했다.

그리고 나는 약속을 지켰다.

그러나 얼마 후, 개가 재갈을 싫어하고 나도 구태여 억지로 끼우고 싶지 않았기 때문에 들키면 들키는 대로 어떻게 될 것이라고 생각해 버리고 그냥 산책길에 나섰다.

한동안은 아무 일 없이 지나갔다.

그런데 하루는 일이 닥치고야 말았다. 나와 렉스가 비탈길을 뛰어 올라가자 난데없이 길 앞을 막아서는 엄숙한 법의 수호자가 밤색 털의 말을 타고 나타났다.

나는 당황했지만 렉스는 아무것도 모르고 똑바로 경찰관 쪽으로 달려갔다. 기어코 사건은 구차하게 돼 버렸다. 나는 모든 것을 단념하고 경찰관의 말을 기다리지 않고 먼저 선수를 쳐서 입을 뗐다.

"기어코 현행범으로 잡히고 말았습니다. 제가 잘못입니다. 뭐라고 할 말이 없습니다. 지난주에, 두 번 다시 이런 일이 있으면 벌금을 물어야 한다고 주의를 받았습니다만."

"아, 그래요. 그러나 주위에 사람이 없을 때는 이런 작은 개 정도는 흔히 재갈을 떼놓고 싶은 것이 사람의 심정일 것이오."

경찰관의 음성은 조용했다.

"실은 그렇습니다만 그러나 법은 법이죠."

"그건 그렇지만, 이런 작은 개는 아무에게도 해를 끼치지 않겠죠?"

경찰관은 이렇게 말하며 오히려 동정적인 발언을 해주었다.

"아닙니다. 다람쥐라도 물게 될지 모릅니다."

이것은 내 말이었다.

"그것은 당신이 지나치게 생각하고 있는 것이오. 그렇다면 이렇게 하면 어때요? 언덕의 저쪽으로 데리고 가서 놓아주시오. 그렇게 하면 내 눈도 닿지 않을 테니까. 그것으로 만사 해결합시다."

경찰관도 역시 인간이다. 그에게도 자기의 중요성이 필요했던 것이다. 내가 자신의 죄를 인정했을 때 그의 자부심을 만족시키는 유일한 방법은 잘못을 인정하는 솔직함이었던 것이다.

그때 거꾸로 만약 내가 구실을 달고 변명을 늘어놓았다면, 결국 경찰관과 시비를 벌이게 될 것은 자명한 일이었다.

경찰관과 상대를 하는 대신에 나는 먼저 그쪽이 절대로 옳고 자신이 절대로 잘못이라는 것을 시인했다. 그러자 서로가 양보하는 마음이 생겼다. 나는 상대의 입장이 되고 상대는 내 입장이 되어 얘기를 나누게 되니 사건은 흐뭇하게 해결된 것이다.

그런데 법의 진위로써 나를 위협한 이 경관이 일주일 후에 보여준 부드러운 태도는 누구나 한 번쯤은 놀랄 것이다.

이처럼 자신의 잘못이 명백하다면 상대방이 자신을 비난하기 전에 자기 스스로가 자기를 꾸짖는 편이 훨씬 낫다. 타인의 비난을 받기보다는 자기 스스로 비판하는 것이 훨씬 마음 편할 것이다.

자기에게 잘못이 있을 때, 상대가 말할 것을 먼저 자기가 말해 버리는 것도 한 요령이다. 그렇게 하면 상대에게는 아무런 할 말이 없어진다. 십중팔구 상대방은 관대해지고 이쪽의 잘못을 용서하는 태도로 나오게 될 것이다. 나와 렉스를 용서한 기마경찰관과 같이 말이다.

어떤 바보라도 잘못의 핑계쯤은 댈 수가 있다. 사실 바보는 대개 그런 짓거리를 곧잘 취한다. 자기의 과실을 인정하는 것은 그 인간의 가치를 올리고 스스로도 무엇인가 고상한 느낌을 갖게 되어 기쁜 것이다.

그 예로써 남북전쟁의 남쪽 군 총사령관 로버트 E. 리 장군의 전기에 기록된 미담 한 가지를 소개하겠다.

게티즈버그 전투에서 부하인 피켓 장군이 실패한 책임을 리 장군은 자기 혼자서 짊어진 일이 있다. 다음은 그 얘기이다.

피켓 장군의 돌격작전은 서양의 전쟁사에서도 그 예를 찾아 볼 수가 없을 만큼 치열한 것이었다. 피켓 장군은 용맹이 뛰어난 군인으로 붉은 갈색 머리칼을 길게 늘여 어깨까지 닿을 듯 했다. 이탈리아 전선에서의 나폴레옹과 같이 그는 매일 전장에서도 열렬한 러브레터를 썼다.

운명의 날 오후, 그는 말에 올라 모자를 비스듬히 쓴 모습으로 진격을 시작하니 그를 신뢰하는 부하들은 온통 갈채를 아끼지 않았다. 그들은 군기를 바람에 나부끼고 총검을 번쩍이면서 속속 장군의 뒤를 따랐다.

참으로 용맹스런 광경이었다.

이 당당한 진군을 바라보고 있던 적진에서도 탄성의 소리가 들렸다. 피켓 장군은 돌격대는 적탄을 무릅쓰고 들을 넘고 산을 넘어 물밀 듯이 진격해 들어갔다.

세미터리 리치에 도착했을 때, 돌연 돌담 뒤에서 북군이 나타나서 피켓의 부대를 향해 맹렬히 일제 사격을 퍼부었다. 세미터리 리치의 언덕은 순간적으로 총포와 화약의 바다로 변하고 아수라장이 되었다.

피켓의 군대 지휘관 중에서 살아남은 장교는 오직 한 사람뿐이었으며 5천 명의 군사는 순식간에 그 5분의 4를 잃었다.

피켓의 돌격 작전은 치열하고 용감무쌍한 작전이었으나 기실은 남군이 패배한 첫 번째의 시련이었다. 리 장군은 이 작전에서 완전히 실패한 것이다. 북군에 이길 가망은 끝내 사라지고 만 것이다.

남부 연맹의 운명은 결정되었다.

완전히 의기를 상실한 리 장군은 그때의 남부 연맹의 대통령 제퍼슨 데이비스에게 사표를 제출하고 자기보다 젊고 유능한 인물을 임명하도록 건의했다.

만약 리 장군이 피켓의 돌격 작전에 따른 실패의 책임을 다른 사람에게 전가하려고 생각했으면 얼마든지 변명의 길은 있었을 것이다.

휘하의 사령관 중에서 그의 명령을 어긴 사람도 있었다. 기병대도 돌격의 시간보다 늦게 도착했다. 그 외에도 여러 가지 이유를 들 수도 있었다.

그러나 그는 책임을 전가하기에는 너무나도 고결한 인물이었다. 패배한 피켓 부대의 병사를 혼자서 전선으로 마중나간 리 장군은 한결같이 자기를 책망했다. 그야말로 숭고하리만큼 철저한 태도였다.

그는 병사들을 향해 이렇게 말했다.

"이번 일은 모두가 내 잘못 때문이다. 책임은 나 한 사람에게 있다."

이렇게 부하들에게 책임을 전가시키지 않고 사죄할 수 있는 용기와 인격을 구비한 장군은 동서고금의 전사를 통해서 그렇게 흔하게 볼 수는 없다.

앨버트 하버드는 참으로 독창적인 작가지만, 그만큼 독자들의 감정을 자극한 작가도 드물 것이다. 그 신랄한 문장은 몇 번이나 여론의 맹렬한 반격을 받았다. 그런데 그는 드물게 사람을 다룰 줄 아는 명인으로서, 적을 자기편으로 만들어 버리는 일이 종종 있었다.

가령 독자들로부터 혹독한 항의가 들어왔을 경우에 그는 흔히 다음과 같은 답장을 보냈다.

실은 제 자신도 그 문제에 대해서는 크게 의문을 느끼고 있습니다. 어제의 제 의견은 반드시 오늘의 제 의견은 아닙니다. 귀하의 의견을 겸허히 수용하며 참으로 제 뜻과 함께 함을 느꼈습니다.

혹시라도 이곳으로 오시는 길이 있다면 누추하기는 하지만 꼭 저희 집에 들러주시기 바랍니다. 심기일전해 서로의 의견이 일치함을 축하하고자 하는 바람입니다.

이런 식으로 자기를 낮추어서 대하면 대개의 사람은 아무 말도 할 수가 없게 된다.

자기가 옳을 때는 상대를 교묘히 설득하는 것이다. 또 자기가 잘못되어 있을 때, 잘 생각해보면 자기가 틀려 있을 경우가 놀랄 만큼 많은 법이다.

그러한 때는 조속히 자기의 잘못을 흔쾌히 시인하도록 해야 한다. 그러면 예상 밖의 효과가 있을 것이다. 게다가 괴로운 변명을 하기보다는 이렇게 하는 편이 훨씬 유쾌한 기분이 될 수가 있다.

속담에도 '지는 것이 곧, 이기는 것.'이라고 하지 않았던가?

4
상대를 변화시키는 방법

세익스피어는 '덕이 없어도 덕이 있는 듯이 행동하라.'고 말했다. 상대의 아름다운 점을 계발해 주고 싶다면, 그가 그 아름다운 점을 갖추고 있는 것으로 하고 장점을 얘기해주면 그 사람은 여러분의 기대에 어긋나지 않도록 노력할 것이다.

먼저 칭찬하자

언젠가 대통령의 초대를 받고 주말을 백악관에서 보낸 일이 있는 친구가 있었다. 그가 대통령의 방에 들어서자 대통령은 비서에게 이렇게 말했다.

"오늘은 아주 잘 어울리는 좋은 옷을 입고 왔군. 당신은 정말 미인이야."

평소에 말수가 적은 대통령이었기에 이만큼의 찬사는 아주 드물었다. 느닷없이 그런 소리를 들은 그 비서는 몹시 당황해 볼을 붉게 물들였다.

그러자 대통령이 다시 말했다.

"그렇게 굳어질 것 없어요. 기분 좋으라고 한 말이니까. 그리고 이제부터는 구두점에 조금 더 주의를 해야겠어."라고 말했다.

그의 방법이 약간 노골적이었는지 모르지만 인간의 심리에 대한 이해의 정도는 칭찬하는 게 좋다.

우리는 누구나 칭찬받은 뒤에 약간의 잔소리를 들어도 그다지 기분이 나쁘지 않다.

이발사는 면도를 하기 전에 근육을 풀기 위해 얼굴에 비누 거품을 바른다. 매킨리가 대통령 선거에 입후보했을 때 이발사의 이 방법을 당신으로 흉내 냈다.

어느 유명한 당원이 선거 연설의 초고를 써서 일대의 명연설이라고 자부하고 자신만만하게 매킨리에게 들려주었다. 들어보니 잘된 곳도 있지만 전체적으로 쓸 만하지 않았다. 매킨리로서는 이 사람의 자존심을 상하지 않게 하고 또 그 열의를 존중해 주지 않을 수 없었다. 그러나 이 연설에 대해서는 '아니오.'라고 말하지 않으면 안 되었다. 그는 이 난처한 일을 보기 좋게 처리했다.

"참 잘됐소. 훌륭한 연설이야. 이만한 연설의 원고를 쓸 수 있는 사람은 그리 많지 않아. 적당한 경우에 쓰면 1백 퍼센트의 효과가 있겠어. 그러나 이번 경우에는 조금 적당치 않다고 생각하는데, 물론 자네의 입장에서 보면 이만큼 훌륭한 것은 없을 것이겠지만 내 입장에서 생각해 보지 않으면 안 되는데, 어떤가? 내 취지에 따라 다시 한 번 써줄 수 없겠는가. 다 되거든 수고롭지만 좀 보내 줄 수 있겠지."

상대는 알아듣고 매킨리가 말한 대로 고쳐 써 왔다. 그리고 유능한 변사로서 대활약을 했다.

링컨의 편지 중 두 번째로 유명한 것을 소개하고자 한다.

가장 유명한 것은 빅스비 부인 앞으로 그녀의 다섯 아들이 전사한 데 대한 조문 편지였다.

링컨은 이 편지를 꽤 급하게 쓴 것으로 생각된다. 그러나 그것이 경매에서 엄청난 액수에 팔렸다. 그 돈은 링컨이 50년간 일해 저축한 돈보다도 많은 액수였다.

이 서한은 남북 전쟁에서 북군이 가장 근심하는 입장에 놓여 있을 즈음인 1863년 4월 26일에 쓰인 것이다.

북군은 작전상의 잘못으로 18개월간 계속 패배의 쓴 잔만 마셔왔다. 사상자의 수만 늘어나고 국민들은 얼굴빛을 잃어갔다. 탈주병은 늘어나고 공화당의 상원의원조차 링컨을 퇴진시키려고 했다. 그때는 링컨이 "바야흐로 우리의 운명은 파멸의 위기에 부딪혔다. 천우신조도 이제는 바랄 수 없고 한 가닥의 희망의 빛조차 찾아볼 수 없게 되었다."라고 한탄하던 시기에 쓰인 것이다.

이 편지는 국가의 운명이 한 장군의 어깨에 걸려 있는 위급한 시기에서 링컨은 어떻게 해서 그 완고한 장군의 생각을 고치게 했던가, 그간의 사정을 나타내고 있다.

이 편지는 그의 대통령 취임 이후에 쓰인 편지 중에서 가장 통렬한 것이다. 그러나 후커 장군의 중대한 과실을 책망하기에 앞서 그를 칭찬하고 있는 점을 무심히 보아 넘길 수 없다.

"귀관이 하는 방법이 나에게는 약간 만족하게 생각할 수 없는 점이 있소."

이렇게 표현하는 것으로 보아, 실로 '아' 다르고 '어' 다르다는 점을 여실히 알려 준다.

다음은 후커 장군에게 보낸 편지다.

나는 귀관을 포토맥 전선의 지휘관으로 임명했습니다. 물론 나는 확신을 가지고 이를 결정했지만, 귀관의 방법에 대해 나에게도 약간 만족하게 생각할 수 없는 점이 있다는 것을 생각해 주었으면 좋겠습니다. 나는 귀관이 용맹하고 훌륭한 군인이라는 것을 굳게 믿고 있습니다. 물론 나는 그런 군인을 좋아합니다. 귀관은 또 정치와 군사를 혼동하지 않는 인물이라고 확신하며 그것은 올바른 일입니다.

귀관은 절대적인 자신을 가지고 있습니다. 절대로 필요하다고는 할 수 없더라도 크게 존경할 만하다고 생각합니다. 귀관에게는 야심에 찬 의욕이 있으며 이 또한 정도를 넘지 않으면 아주 좋은 일입니다.

그러나 귀관이 번사이드 장군의 지휘하에 있을 때 초조하게 공을 생각한 나머지 명령을 어기고 마음대로 행동해 국가와 명예가 있는 장군에 대해 중대한 과실을 저질렀습니다.

들리는 바에 의하면 귀관은 정치 및 군사에 있어서는 독재자의 필요를 역설하고 있는 듯하지만 물론 나는 그 또한 인지하고 귀관을 지휘관으로 임명했습니다. 그러나 그것은 결코 귀관의 의견에 동의한 결과는 아닙니다.

독재권을 인정하기에는 그에 의한 성공이 보장되어 있지 않으면 안 됩니다.

내가 귀관에게 희망하는 것은 먼저 군사적으로 성공하는 것입니다. 그러기 위해서는 독재권을 가져도 상관이 없다고 생각합니다. 금후에도 정부는 전력을 다해서 다른 지휘관과 같이 귀관에게도 원조하겠습니다.

귀관의 언동에 영향을 받아 군대 내에서 상관을 비난하는 풍조가 일고 드디어는 그것이 귀관 자신에게로 향하는 것은 아닌가 하는 두려움이 있거니와 나는 가능한 한 귀관을 원조해 그와 같은 사태 발생을 막으려고 합니다.

만일 그러한 경향이 나타난다면, 나폴레옹이라도 우수한 군대는 만들기 어려울 것입니다. 따라서 경거망동은 삼가주시고 최후의 승리를 얻도록 전력을 다해 주시기 바랍니다.

우리는 매킨리도, 또 링컨도 아니다. 우리가 알고 싶은 것은 이 방법이 일상생활에서 어떠한 효과가 있을 것인가 하는 점이다.

그러면 필라델피아의 워크 건설 고우 씨의 예를 들어 보자. 고우 씨는 우리와 조금도 다름없는 보통 시민으로 필라델피아에서 열린 내 수강생의 한 사람이다.

워크 회사에서는 어느 건축공사를 청부받아 지정 기일까지 완성하기 위해 공사를 서두르고 있었다.

만사가 순조롭게 진행되고 있었으나 준공 일보 직전에 돌연 건물의 외부 장식에 쓰이는 청동 세공의 하청업자로부터 기일 내에 납품할 수 없다는 통지를 받았다. 큰일이 아닐 수 없었다. 얼마만큼의 손해를 입었는지 알 수가 없었다. 단 한 사람의 업자 때문에 공사 전체가 좌절되는 것이다.

전화를 걸어서 따져보았지만 아무리 해도 어쩔 도리가 없었다. 그래서 고우 씨는 범의 굴에 들어가는 역할을 맡아 뉴욕으로 떠났다.

고우 씨는 그 회사의 사장실에 들어서자 먼저 이렇게 말했다.

"브룩클린에는 사장님과 같은 성을 가진 분은 한 사람도 없더군요."

"그렇습니까? 그것은 저도 미처 몰랐습니다."

사장이 놀라는 것을 보고 고우 씨는 설명하기 시작했다.

"오늘 아침 이곳에 도착하자 바로 사장님의 주소를 찾으려고 전화번호부를 들추어 보았지요. 그러나 브룩클린의 전화번호부에는 사장님과 동성의 사람은 한 사람도 없었지요."

"그랬어요?"

이렇게 말하며 사장은 열심히 전화번호부를 펼쳐 보고 있었다.

"네, 흔하지 않은 성이에요. 제 조상은 2백년쯤 전에 아일랜드에서 이 뉴욕으로 건너왔거든요."

그는 자랑스럽게 자기 가족과 조상의 얘기를 말하기 시작했다. 그 말이 끝나자 고우 씨는 상대 공장의 규모와 설비에 대해 극구 칭찬했다.

"정말 훌륭한 공장입니다. 잘 정돈되어 있을 뿐만 아니라 청동 공장으로서는 일류입니다."

"저는 이 사업에 평생을 걸고 살았습니다. 조금은 자랑을 해도 좋으리라 생각하지요. 어떻습니까? 공장을 한번 둘러보지 않겠습니까?"

그리하여 고우 씨는 공장을 둘러보면서 그 시설과 제도를 칭찬하고 다른 업자에게서는 볼 수 없는 우수한 것이라고 다시 칭찬했다. 그리고 기계를 보며 감탄하자 사장은 그 기계는 자신이 발명한 것이라며 신이 나서 장시간 그 기계를 조작해 보았다.

점심도 같이 먹었다. 그때까지 고우 씨는 용건에 대해 단 한 마디도 언급하지 않았다.

점심을 마치고 난 사장은 이렇게 말을 꺼냈다.

"자, 그러면 사업 얘기로 넘어갑시다. 물론 당신이 온 목적은 충분히 알고 있습니다. 당신과 이렇게 즐거운 얘기를 하리라고는 생각하지 못했습니다. 다른 회사의 주문을 늦추더라도 당신 것은 꼭 제 시간에 맞추어 드릴 터이니 안심하고 돌아가십시오."

고우 씨 편에서는 아무 부탁도 하지 않았지만 목적은 완전히 달성된 것이다. 약속대로 제품은 도착하였고 건물은 예정 기일 안에 완성되었다.

만약 고우 씨가 강경책을 취했다면 과연 어떤 결과가 되었을 것인지 생각해보자.

또 하나의 예를 들어보자.

몇 년 전 나는 내 조카를 비서로 두었다. 그녀는 3년 전에 고향의 고등학교를 졸업한 19세의 처녀로서 사회생활 경험이 없는 상태였다. 지금이야 능숙한 비서라고 할 수 있지만 처음에는 실수를 많이 저질렀다.

어느 날 나는 잔소리를 하려고 했다. 그러나 고쳐 생각하고 내 자신에게 이렇게 타일렀다.

'잠깐 기다려라. 데일, 너는 조세보다 훨씬 나이가 많지 않느냐? 그리고 일의 경험은 그녀의 몇만 배는 가지고 있다. 그녀에게 너와 같은 능력을 기대한다는 것은 근본적으로 무리다. 더욱이 너의 능력이라고 해 봤자 대단한 것도 아니잖느냐? 그리고 일의 경험은 그녀의 몇만 배는 가지고 있다. 그녀에게 너와 같은 능력을 기대한다는 것은 근본적으로 무리다. 더욱이 너의 능력이라고 해봤자 대단한 것도 아니지 않으냐. 첫째 너는 19세 때 어떤 일을 했었던가 생각해보자. 실수만 저지르지 않았는가 말이다.'

정직하고 공평하게 생각해 보면 당시의 나보다도 그녀가 야구에서 말하면 타율이 높다는 결론에 도달했다. 그렇지만 나보다 타율이 높다는 것을 너무 칭찬할 일은 아니었다.

그 후부터 그녀에게 잔소리를 할 때는 다음과 같이 하기로 했다.

"조세핀, 이것은 안 된다. 그러나 내가 지금까지 저지른 실패에 비하면 이 정도는 아주 작은 거야. 처음에는 틀리는 것이 당연하지. 경험을 쌓아야 비로소 잘못이 없어지는 거야. 내가 젊었을 때에 비하면 지금의 네가 훨씬 낫다. 나는 많은 실수를 저지른 기억이 있기 때문에 너에게 잔소리할 마음은 없다. 어떠냐? 이렇게 해보면……."

사람에게 잔소리를 하는 경우 겸허한 태도로 자기는 결코 완전하지 못하고 자주 실수를 한다고 전제하고서 상대의 잘못을 주의해 주면 상대는 그다지 불쾌한 생각을 하지 않을 것이다.

독일 제국의 최후의 황제로 거만했던 빌헬름 2세 밑에서 수상직을 맡았던 폰 블로우 공은 이 방법의 필요성을 절실하게 느꼈다. 당시의 빌헬름 황제는 방대한 육해군을 통수하며 천하무적을 자랑했다.

그러던 어느 날 큰 소동이 일어났다. 영국 방문 중의 황제가 대단한 폭언을 해서 그것을 '데일리 텔리그라프'지에 공포시킨 것이다. 순식간에 영국 조야의 분노를 샀고 독일 본국의 정치가들도 황제의 독선적인 언동에 아연해지고 말았다.

그는 영국에 호의를 갖는 유일한 독일인이라고 한다든가, 일본의 위험에 대해 대해군을 건설했다든가, 영국이 러시아와 프랑스로부터 공격을 받지 않아 안심하고, 또 보어 전쟁에 영국의 로버트 경이 승리를 얻게 된 것도 역시 그의 덕분이라고도 말했다.

문제가 예상 외로 커지게 되자 황제도 놀랐다. 결국 황제는 폰 블로우의 말대로 지껄였을 뿐이니 책임은 폰 블로우에게 있다고 선언하라는 것이다.

"폐하, 저는 폐하를 움직여 그와 같은 말을 하게 할 수 있는 힘을 가지고 있는 자는 영국에도 독일에도 아무도 없다고 생각합니다."

폰 블로우는 이렇게 대답했으나 그 순간 '아차.' 하고 생각했다. 황제가 격노하기 시작했던 것이다.

"당신은 나를 바보 취급하는가. 당신 같으면 절대로 저지르지 않을 실수를 내가 했다고 말하는가!"

폰 블로우는 책망하기 전에 칭찬을 먼저 했어야 한다는 것을 잊었구나 하고 깨달았으나 이미 쏟아진 물과 같았다. 그는 최선의 대책을 강구했다. 책망하고 난 후에 칭찬한 것이다. 이것이 훌륭하게 기적을 낳았다.

그는 공손하게 이렇게 말했다.

"저는 결코 그런 뜻으로 말씀드린 것이 아닙니다. 현명하신 폐하를 어찌 저와 같은 자와 비교하겠습니까. 육해군의 일은 말씀드릴 필요조차 없고 자연 과학의 깊은 조예는 놀라지 않을 수 없습니다. 폐하는 무선, 전신 등의 설명을 해주셨습니다. 저는 그때마다 감탄할 따름입니다. 저는 그 방향의 일은 부끄럽게도 아무것도 아는 것이 없습니다. 단순한 자연 현상조차 설명하지 못합니다. 오직 역사의 지식을 조금 알고 정치나 특히 외교에 필요한 지식을 다소 가지고 있을 뿐입니다."

황제의 얼굴에는 미소가 감돌았다. 폰 블로우가 칭찬하였기 때문이다. 폰 블로우는 황제를 치켜 올리고 자신을 깎아 내린 것이다. 이렇게 되니까 황제는 어떠한 일이라도 용서해 주었다.

"언제고 내가 말하고 있는 대로 서로 돕고 힘을 합해 잘해 나가는 게 좋지 않겠나. 굳세게 손을 맞잡고 앞으로 나아가세."

황제는 폰 블로우의 손을 몇 번이고 굳게 잡았다. 마지막에는 진심으로 "폰 블로우를 욕하는 자는 그냥 두지 않겠다."라고까지 말했다.

폰 블로우는 위험한 지경에서 겨우 살아났다. 그러나 그 사람만큼 빈틈이 없는 외교가도 역시 실수를 한 것이다. 우선 처음에 먼저 자기의 단점과 황제의 장점을 말했어야 할 것인데 거꾸로 황제를 바보 취급했던 것이다.

이 예를 보더라도 확실히 겸손과 칭찬은 우리의 일상 교제에도 커다란 효과를 발휘할 수 있다. 바르게만 응용한다면 인간관계에 기적을 낳을 수도 있을 것이다.

간접적으로 말하자

어느 날 찰스 슈워브가 정오에 공장을 돌아보고 있을 때 종업원들이 담배를 피우고 있었다. 그들 머리 위에는 '금연' 표시가 붙어 있었다. 슈워브는 그들에게 다가서서 한 사람 한 사람에게 담배까지 나눠주고, '금연' 푯말을 손으로 가리키며 말했다.

"모두 밖에 나가서 피우고 오지."

결국 그에 관해서 한 마디의 말도 하지 않고 담배까지 주면서 체면을 세워주었기에 그들이 복종하는 것은 당연한 일이다.

존 워너메이커도 이 같은 방법을 썼다.

워너메이커는 하루 한 번 필라델피아에 있는 그의 점포를 둘러보는데 어느 날 한 여성 고객이 카운터 앞에서 기다리고 있는 것을 발견했다. 그 부인이 서 있는 것을 아무도 모르고 있는 것 같았다. 직원들은 저편 구석에 모여 잡담이 한창이었다. 워너메이커는 아무 말도 없이 슬그머니 매장으로 들어가서 주문을 하고 물건 포장을 직원에게 부탁해 놓고 돌아오고 말았다.

설교 잘하기로 널리 알려진 헨리 워드 비처가 죽은 것은 1887년 3월 8일이었다. 다음 일요일에는 비치의 후임으로 에버트가 교회에 초빙되어 첫 설교를 하게 되었다.

그는 열심히 설교의 초고를 쓰고 세심한 주의를 다해 추고를 거듭했다. 원고를 완성 후에 그것을 부인에게 읽어주었다. 원고를 읽는 듯한 연설은 본래 재미가 없는 것처럼 이 원고 역시 그 예에서 벗어나지 않았다. 그러나 그 아내는 현명했다.

"틀렸어요. 재미없어요. 듣는 사람이 잠들겠어요. 마치 백과사전을 읽는 것 같아요. 오랫동안 설교를 하셨으면 그런 것쯤은 하셔야죠. 더 자연스럽게 할 수 없어요?"

이렇게 말하지 않았다.

"『북미평론北美評論』에 내면 아주 훌륭한 논문이 될 거예요."

그녀는 그저 그렇게 말했을 뿐이었다. 결국 칭찬과 함께 연설에는 적당치 않다는 것을 교묘하게 말했다. 그도 그 의미를 알았다. 물론 설교의 초고는 휴지통으로 들어갔고 그는 메모도 없이 설교했다.

명령조로 말해서는 안 된다

얼마 전 나는 미국의 인류 전기 작가 아이다 테벨 여사와 식사를 같이 했다. 내가 '사람을 움직인다'라는 책을 쓰고 있는 중이라고 그녀에게 말했더니, 화제는 인간관계의 여러 문제로 옮겨가 활발한 의견이 교환되었다.

그녀는 오웬 D. 영의 전기 소설을 쓰고 있을 때 영과 3년간 같은 사무실에서 근무하고 있었다고 하는 사람을 만나 영에 대한 얘기를 여러 가지 들었다고 말했다. 그 말에 의하면 영은 누구에게나 결코 명령조로 말하지 않았다고 한다. 명령이 아니라 암시를 주었다는 것이다.

"이것을 해라."

"그렇게 해서는 안 된다."

이렇게 말하지 않았던 것이다.

"이렇게 생각하면 어떨까?"

"이것으로 잘될지 모르겠는데."

위와 같은 말로 상대의 의견을 청한다.

편지를 구술해 쓰게 한 후 그는 "이것을 어떻게 생각하는가?" 하고 물었다.

그의 부하가 쓴 편지를 한 번 훑어보고, '이곳은 이러이러한 말투로 한다면 더 좋아질 것 같은데 어떨까요?'라고 말할 때도 자주 있었다고 한다.

그는 언제나 자주적으로 일을 하게 할 기회를 준 것이다. 결코 명령하지 않고 자주적으로 하게 한다. 그리고 실패에 의해서 배우게 했다.

이러한 방법을 쓰면 상대는 자기의 잘못을 바로 고치기 쉽게 된다. 또 상대의 자존심을 상하지 않고 반감 대신에 협동심을 일으키게 한다.

체면을 살려주어야 한다

제너럴 일렉트릭 회사는 찰스 스타인케츠 부장의 이동이라는 미묘한 문제에 부딪쳤다.

그는 전기에 대해서는 일류 기술자였으나 기획부장으로서는 부적격자였다. 회사로서는 그의 감정을 상하게 하고 싶지 않았다. 사실 그는 없어서는 안 될 인물이긴 하지만 한편 매우 신경질적인 사람이었다. 그래서 회사는 새로운 직명을 신설해서 그를 그 직에 임명했다. '제너럴 일렉트릭 회사 고문기사'라고 하는 것이 그 직명이다. 그리고 업무에는 별로 변한 게 없다. 그리고 부장에는 다른 사람을 임명했다.

스타인케츠도 기뻐했다.

중역들도 좋아했다. 그만큼 다루기 어려운 자의 체면을 세워줌으로써 무사히 움직이게 한 것이다.

상대의 체면을 세워준다는 것은 중요한 일이다. 그런데 그 중요함을 이해하고 있는 사람은 과연 몇이나 될 것인가?

자기의 기분을 살리기 위해 타인의 감정은 짓밟고 지나간다. 상대의 자존심 같은 것은 전혀 생각하지 않는다. 사람들 앞에서 사정없이 고용인이나 어린이들을 나무란다. 조금 더 생각해서 한두 마디 동정 어린 말을 걸어 상대의 심정을 이해해 주면 그쪽이 훨씬 잘될 것을!

아르바이트생이나 종업원들을 해고하지 않으면 안 될 어쩔 수 없는 경우에는 이 일을 잘 생각해 주기 바란다,

마샬 A. 글렌저라고 하는 공인회계사로부터 나에게로 온 편지의 한 구절을 소개한다.

종업원의 해고라는 것은 아무리 생각해도 유쾌한 일은 아닙니다. 해고당하는 몸이 되면 더욱 그러할 것입니다. 우리 상품은 계절에 따라 수요가 좌우되는 수가 많아 매년 3월이 되면 많은 인원을 해고할 지경에 처합니다.

해고 담당 역은 결코 유쾌한 것이 아닙니다. 따라서 될 수 있는 대로 일을 간단하게 처리하는 습관이 우리 사이에서는 생겨났습니다. 통례적으로 다음과 같이 합니다.

"스미스 씨 앉으세요. 아시다시피 계절도 지났으므로 여러분의 일도 없어졌습니다. 처음부터 바쁜 동안에만 봐주신다는 약속이었지요."

상대는 이 말로 꽤 타격을 받을 것이다. 내동댕이쳐진 기분이다. 그들의 태반은 회계의 일로 일생을 보내는 사람들인데 이렇게 깨끗하게 목을 자르는 회사에는 한 가닥의 애정도 느껴지지 않을 것이다,

그래서 저는 임시 고용인들을 해고할 때에는 좀 더 동정 어린 방법을 취해 보았으면 하고 생각했습니다. 그리하여 각자의 성적표를 잘 조사한 뒤에 그 사람을 불러 다음과 같이 말했습니다.

"스미스 씨, 당신의 일하는 솜씨에는 정말 감복했습니다. (실제로 그

가 일을 잘했다고 가정하자.) 뉴욕에 출장 가 주셨을 때는 정말 애쓰셨지요. 그렇게 훌륭하게 해주셔서 회사의 위상도 높아졌습니다. 당신은 그렇게 실력이 있으니, 어디에 가든 걱정이 없겠습니다. 우리도 당신을 믿고 있고 또 될 수 있는 한 힘이 되고자 생각하고 있습니다. 부디 저희 일을 잊지 말아 주십시오."

그 결과 그는 해고당한 것을 그다지 괴롭게 여기지 않고 밝은 기분으로 떠나갔습니다. 밀려서 쫓겨나는 듯한 기분이 아닌 것입니다. 회사에 일만 있으면 계속해서 고용해 줄 것이 틀림없다고 생각하기 때문입니다. 회사가 다시 그들을 필요로 했을 경우에는 기쁘게 다시 와 줄 것입니다.

작은 일에도 신경을 써줘야 한다

내 친구 중에는 피트 바로라는 서커스 단장이 있다. 그는 개와 말을 끌고 각지를 순회하고 있었다. 나는 피트가 개에게 묘기를 가르치는 것을 보고 퍽 재미있게 생각했다. 개가 조금이라도 잘하면 어루만져 주고 고기를 주고 지나치게 칭찬해 준다.

이 방법은 절대로 새로운 것이 아니다. 동물의 훈련에는 예부터 이 방법을 쓰고 있다.

우리는 이 뻔히 알고 있는 방법을 왜 인간에게 응용하지 않는 것일까? 왜 회초리 대신 쇠고기를, 비평 대신 칭찬을 하지 않는가? 가령 조금이라도 발전을 보이면 마음으로부터 칭찬해 볼 만하지 않은가? 그것에 힘을 얻어 상대는 더욱 더 발전하고 향상할 것이다.

싱싱 형무소의 소장 루이스 E. 로즈에 의하면, 상습범죄자까지도 약간의 발전, 향상한 것을 칭찬해 주면 대단한 효과를 보였다고 한다. 실은 이 단원을 집필 중에 그로부터 편지를 받은 것인데, 그 가운데에 이렇게 쓰여 있었다.

"죄수들은 노력을 적당하게 칭찬해 주면 갱생하려는 마음을 일으킵니다. 비행을 엄하게 책망하는 것보다 훨씬 효과가 있습니다."

적어도 지금까지 나는 싱싱 형무소에 들어갔던 일은 없다. 그러나 나 자신 지금까지 걸어온 길을 되돌아보면 칭찬의 말이 내 생애에 대전환을 가져온 기억은 확실히 있다. 누구에게나 생각나는 일이 있을 것이다. 역사에서 현저한 예를 얼마든지 볼 수 있다.

지금부터 50년 전 10세쯤의 소년이 나폴리의 어느 공장에서 일하고 있었다. 그는 성악가가 되고 싶었다. 그러나 처음 만난 교사는, '너에게 노래는 합당치 않다. 마치 덧문이 바람에 흔들리는 것 같은 목소리다.'라고 말해 그를 낙담시켰다. 그러나 그의 어머니는 가난한 농부 부인이었으나 그를 끌어안고 온화하고 애정 어린 말로 격려했다.

"너는 꼭 훌륭한 성악가가 될 것이다. 엄마는 확실히 알 수 있거든. 그 증거로 너는 점점 잘 부르고 있지 않니?"

그녀는 얼굴이 새까맣게 되도록 열심히 일을 해서 아들에게 음악 공부를 시켜 주었다. 그 어머니의 칭찬과 격려가 소년의 생애를 변화시켰다.

그의 이름은 독자 가운데도 아실 분이 많으리라 생각되는 유명한 카르소였다.

꽤 오래된 얘기인데, 런던에 작가를 지망하는 젊은이가 있었다. 그에게 있어서 유리하다고 생각되는 조건은 무엇 하나 없었다. 학교도 4년밖에 다니지 않았고 아버지는 빚에 쪼들리다 못해 교도소로 갔다. 하루 세 끼니의 밥도 거르기 일쑤였다. 그러는 중에 그에게 일자리가 생겼다. 쥐구멍 같은 창고 속에서 구두약 용기에 상표를 붙이는 일이었다. 밤에는 으슥한 골방에서 두 소년과 함께 잤다. 그 두 소년이란 빈민가의 부랑아였다. 그는 자신이 없었기 때문에 남의 웃음거리가 되지 않으려고 사람들이 잠든 틈을 타 자리에서 빠져 나와 그의 처녀 작품을 우송했다. 차례로 계속해서 작품을 보내 보았으나 모두 되돌아왔다.

그러나 기어이 그에게도 기념할 날이 돌아왔다. 어떤 작품이 채택된 것이다. 원고료는 한 푼도 받지 못했으나 편집자에게서 칭찬을 들었다. 그는 인정받은 것이다. 그는 감격한 나머지 흐르는 눈물을 닦지도 않고 거리를 돌아다녔다. 자기의 작품이 활자화되어서 세상에 나온다는 것이 그의 생에 커다란 변화를 가져왔다. 만일 그것이 없었다면 그는 일생 동안을 움막 같은 곳에서 지냈을지도 모른다. 이 소년이 바로 찰스 디킨스다.

한 소년이 런던의 어느 식품 상점에서 일하고 있었다. 아침에는 5시에 일어나 청소와 심부름으로 하루 14시간이나 혹사당했다. 이 중노동에 그는 견딜 수 없을 정도로 괴로워하고 있었다. 그렇지만 2년간이나 참고 견디었으나, 그 이상은 도저히 참을 수가 없어 어느 날 아침 식사도 하지 않고 상점을 빠져나와 가정부로 일하고 있는 엄마의 품으로 15마일이나 되는 길을 걸어서 돌아갔다.

그는 미친 듯이 울면서 지금의 상점에서 일하는 것보다는 차라리 죽어 버리는 것이 낫겠다고 흐느꼈다. 그리고 그는 모교의 교장선생님 앞으로 곤경을 호소하는 긴 편지를 보냈다. 곧 회답이 왔다. '너는 상당히 두뇌가 명석해 그러한 중노동은 적당치가 않다. 좀 더 지적인 일을 하도록 하라.'라고 말하고 그를 위해 학교의 교사직을 제공해 주었다.

이 칭찬은 소년의 장래를 일변시켜 영문학 사상에 불멸의 공적을 남겼다.

77권의 책을 저술해 1백만 달러 이상의 부를 누린 이 사람은 H. G 윌스이다.

기대를 걸어야 한다

내가 아는 사람 중에 어네스크 전트라고 하는 부인이 있다. 그 부인은 어느 날 가정부를 고용하기로 정하고 한 가정부를 다음 주 월요일부터 오도록 말했다. 그리고 전 주인이었던 부인에게 전화를 걸어 물어보았더니 그 처녀에게는 다소의 결점이 있다는 것을 알았다.

약속한 날에 가정부가 오자 부인은 이렇게 말했다.

"넬리, 나는 지난번 전 주인에게 전화를 해서 넬리에 대해 물어보 았어요. 어린아이도 잘 돌봐준다고 들었어요. 하지만 청소는 잘못한 다고 하던데 아니겠지요? 나는 믿어지지 않아요. 넬리가 입고 있는 옷이 깨끗한 것을 보면 알 수 있어요. 넬리는 그 옷매무새와 같이 집 안일도 깨끗하게 해줄 게 틀림없어요. 우리 서로 잘해 나갈 수 있을 거예요."

정말 두 사람은 잘해 나갔다. 넬리는 부인의 기대에 어긋나지 않 으려고 열심히 일했다. 집안은 언제나 깨끗하게 청소되어 있었다. 부인의 기대에 보답하려고 시간 외의 청소도 마다하지 않았다.

볼드윈 기관 제조회사의 사무엘 버클렌 사장은 이렇게 말했다.

"무엇이든 장점을 발견해 그것을 칭찬해 주면, 대부분의 사람은 이쪽의 마음먹은 대로 쫓아온다."

요컨대 상대의 어떤 점에 대해 교정하고 싶다고 생각한다면 그 점 에 대해 그는 이미 다른 사람에 비해 월등하다고 말해 줄 일이다. 셰 익스피어는 '덕이 없어도 덕이 있는 듯이 행동하라.'고 말했다. 상대 의 아름다운 점을 계발해주고 싶다면, 그가 그 아름다운 점을 갖추 고 있는 것으로 하고 공공연하게 그와 같이 취급해 주는 것이 좋다.

장점을 얘기해 주면 그 사람은 여러분의 기대에 어긋나지 않도록 노력할 것이다.

헨리 클레이 리스너는 프랑스에 주둔 중인 미국 병사들의 품행을 좋게 하기 위해 그 방법을 썼다. 그는 명성 높은 제임스 G 하버드 대장으로 '프랑스 주둔 중의 2백만 명에 이르는 미국 병사들은 가장 청렴결백하고 가장 이상적인 군인'이라고 했다. 지나치게 칭찬한 것이지만 리스너는 이것을 잘 이용했다. 그는 이렇게 말하고 있다.

"나는 대장의 말을 전 병사들에게 철저히 교육했다. 그것이 들어맞았는지 아닌지는 문제가 아니다. 가령 맞지 않았더라도 장군이 이같은 의견을 가지고 있다는 것을 알고 있기만 해도 병사들은 감격하고 장군의 기대에 따르려고 노력할 것이다."

속담에, '개를 죽이려면 먼저 미친개라고 외쳐라.'라는 말이 있다. 한 번 악평이 나면 다시는 회복되기 어렵다는 의미이지만 반대로 호평이 나면 어떻게 될 것인가?

부자·가난뱅이·도둑, 그 밖에 어떠한 인간이라도 좋은 평판이 나면, 대개는 그 평판에 부끄럽지 않도록 노력하는 것이다.

악인과 교제하지 않으면 안 될 때는, 그를 존경해야 할 신사로 보고 취급할 것이다. 그 이외에 그들에게 맞설 방법은 없다. 신사취급을 받으면 그는 신사로서 부끄럽지 않도록 비상한 노력을 아끼지 않을 것이다. 그리고 사람에게서 신뢰받는 것을 대단한 자랑으로 여기게 된다. 이것은 싱싱 형무소장의 경험에서 나온 말이다.

격려를 아끼지 말아야 한다

내 친구 중에는 사십이 넘은 독신자가 있다. 그런데 그 친구가 최근 어느 여성과 약혼을 했다. 그런데 상대 여성은 그에게 댄스를 배우라고 했다. 그에 대해 그는 나에게 이렇게 말했다.

"나는 젊었을 때 춤을 배워 이제까지 20년간을 똑같은 방법으로 추고 있으니, 언젠가는 다시 고쳐 배울 필요가 확실히 있었네. 맨 처음에 찾아간 교사는 내 춤을 엉망이라고 했어. 그건 사실일 거야. 처음부터 고쳐 배우지 않으면 안 된다기에 나는 마음이 내키지 않아 그 교사에게 배우는 것을 포기했지. 다음 교사는 정말을 말하지 않는 것 같았으나 나는 그편이 마음에 들었어. 내 춤은 다소 시대에 뒤떨어졌으나 기본이 착실히 되어 있으므로 새로운 스텝은 문제가 없을 것이라고 말했지. 처음 교사는 내 결점을 강조해서 나를 맥 풀리게 했는데 이 교사는 그와는 반대였어. 장점을 칭찬하고 결점에 대해서는 별 말이 없었거든. 리듬을 잘 알고 소질도 보통 이상이라고 말해 주었지. 그렇게 말해 주니까 자신이 서투르다는 것을 알고 있었으면서도 자칫 그렇지 않은 것 같은 마음도 들게 마련이지. 물론 교습료를 지불했으니까 속 빈 인사말 정도도 이상할 것은 없으나 그런 것을 생각할 필요는 없었지. 어쨌든 칭찬받은 덕택으로 내 춤은 확실히 숙달되었어. 교사의 말에 용기가 나고 희망이 솟았지. 향상심이 생긴 것이지."

어린아이나 남편이나 종업원을 바보라든가, 무능하다든가, 재능이 없다는 말로 나무라는 것은 향상심의 싹을 자르는 것이 된다. 자주 기운을 북돋우고, 하기만 하면 쉽게 할 수 있다는 생각을 갖게 하고, 상대의 능력을 이쪽은 믿고 있다고 알려 주는 것이다. 그렇게 하면 상대는 자신의 우수함을 나타내 보이려고 부지런히 노력한다.

로웰 토머스는 이 방법을 쓰고 있다. 그는 이 방면의 도가 트인 사람이다. 사람을 분발시키고 자신감을 주고 용기와 신념을 심어주는 일에 능하다.

이런 일이 있었다. 며칠 전 나는 토머스 부처와 함께 주말을 보냈다. 그 토요일 밤, 훨훨 타오르는 난로 옆에서 나는 브리지를 하지 않겠느냐고 권고를 받았다. 브리지라고? 천만의 말씀을! 브리지는 나에게는 영원의 수수께끼 같은 것이다. 전혀 할 줄 모른다.

"데일, 브리지 같은 거 아무것도 아니야. 따로 비결이 있는 것도 아니야. 그저 기억력과 판단력의 문제야. 자네는 기억력에 대한 책을 저술한 일도 있잖은가? 자네에게는 안성맞춤의 게임이거든."

그러다 보니 나는 태어나서 처음으로 브리지의 테이블에 마주앉아 있었다. 멋지게 추켜세우는 바람에 쉽사리 할 수 있을 것 같은 마음이 생겨 이러한 결과가 된 것이다.

브리지라고 하면 컬버트슨을 생각하게 된다. 브리지를 할 만한 정도의 사람이라면 누구든 그의 이름을 알 것이다.

그가 쓴 브리지에 관한 책은 여러 나라의 언어로 번역되어 이미 1백만 부는 팔리고 있다고 한다. 그도 어느 젊은 여성으로부터 '당신에게는 훌륭한 브리지 소질이 있다.'라는 말을 듣지 않았더라면 이 방면에서 밥을 먹고 살아가지는 못했을 것이다.

컬버트슨이 미국에서 온 것은 1922년으로 처음에는 철학과 사회학의 교사가 되려고 하였으나 적당한 근무처가 없었다. 그래서 그는 석탄매매를 했으나 실패했다. 계속해서 커피 판매를 했으나 역시 그도 여의치 않았다.

그 당시 그는 브리지의 교사가 되겠다는 생각은 더욱 없었다. 트럼프 놀이는 서툴기만 할 뿐 아니라, 다른 사람에게까지 피해가 갔다. 처음부터 끝까지 질문만으로 끝낸 꼴이 됐다. 그리고 승부가 끝나면 게임의 경과를 다른 사람은 아랑곳없이 귀찮으리만큼 검토하기 때문에 모두들 그와 함께 하기를 싫어할 형편이었다.

그런 어느 날, 그는 조세핀 딜론이라는 미모의 브리지 교사와 사귀게 되어, 급기야 결혼까지 했다. 그녀는 그가 면밀하게 카드를 분석하고 생각하는 것을 보고 그에게 트럼프 경기에 대한 선천적인 소질이 있다고 칭찬했다. 컬버트슨으로 하여금 브리지의 대권위자가 되게 한 것은 그녀의 격려의 말이었다고 한다.

항상 협력하도록 해야 한다

제1차 세계대전이 한창일 때 미국도 가만히 보고만 있을 수 없게 되었다. 과연 평화를 회복할 수 있을지 어떨지는 어느 누구도 알 수 없었으나 윌슨 대통령은 어쨌든 노력해 보겠다고 결심하고 전쟁 당사국의 지도자들과 협의하기 위해 평화사절단을 파견하기로 했다.

평화주의를 표방하는 국무장관 윌리엄 제닝스 블라이언은 이 임무를 맡고 싶어 했다. 자기의 이름을 후세에 남기는 절호의 기회라고 보았던 것이다. 그러나 윌슨은 블라이언이 아닌 그의 친구 하우스 대령을 임명했다. 그리고 블라이언의 감정을 다치지 않도록 주의하며, 그에게 이 일을 털어놓지 않으면 안 되었다.

당시의 상황을 윌슨은 일기에 이렇게 쓰고 있다.

'블라이언은 나에게서 그 얘기를 듣고 분명히 실망의 빛을 나타냈다. 그는 자기가 갈 생각이었다고 말했다. 그래서 나는 대통령으로서 이번의 사절 파견을 공식적으로 하는 것이 현명한 방책이 아니라는 의견을 가지고 있고, 블라이언이 가게 되면 세간의 주목을 끌고 형편이 좋지 않을 것 같다고 말했다.'

이렇게 말하는 방법도 있는 것이다. 즉 블라이언은 너무 지나치게 거물이어서 이 임무에 적당하지 않다는 것이다. 이것으로 그도 완전히 만족해했다.

윌슨 대통령은 윌리엄 G. 맥아더를 각료로 입각시킬 때도 이 방법을 사용했다. 각료라고 하면 누구에게나 명예의 지위이다. 그것을 주는 데 윌슨은 상대의 중요성을 배가시켜주는 방법을 썼다. 맥아더 자신의 말을 빌어보기로 하자.

"윌슨은 '지금 개각 중이니 재무부장관을 맡아 주면 참으로 고맙겠다.'라고 나에게 말했다. 참으로 즐거움을 주는 말하는 방식이었다. 이 명예의 자리를 맡는다면 그것으로 내가 은혜를 베푸는 것이 아닌가 하는 마음이 든다."

그러나 불행하게도 윌슨은 언제나 이와 같은 방법을 쓰고 있지만은 않았다. 그가 이 방법을 계속해서 쓰고 있었더라면 아마 역사도 많이 달라졌을 것이 틀림없다.

예를 들면 국제연맹 가입 문제로 그는 상원을 노엽게 하고, 공화당을 무시했다. 인간관계를 생각지 않은 이 방법은 그 자신에게 실각을 가져왔고, 그의 건강을 해치고 수명을 줄여 미국을 연맹 불참국으로 만들었고, 세계 역사를 바꾸어 놓고 말았다.

더블데이 페지라고 하는 유명한 출판사가 있다. 이 회사는 항상 이 법칙을 실행하고 있다. 오 헨리가 말하는 바에 의하면 이 회사는 출판을 거절하는 경우 대단히 정중해서 다른 출판사가 출판을 맡아 주는 것보다도 이 회사에서 거절당하는 것이 도리어 즐겁기조차 하다는 것이다.

내가 아는 사람 중에 강연을 부탁받으면 그것을 항상 거절하는 사람이 있다. 그러나 그의 사절하는 방법이 아주 교묘해서 거절당한 쪽도 그렇게 기분 상해하지 않는다. 그 거절하는 방법이 바쁘다든가 어쨌다든가 하는 그쪽의 형편을 말하는 것이 아니고 먼저 의뢰받는 것에 대해 마음에서 우러나오는 감사의 뜻을 표하고 '아쉽지만 형편이 허락지 않으니 도저히 시간을 낼 수가 없었다.'라고 말한다. 그 대신 다른 강연자를 천거해 준다. 결국 상대방에게 실망을 느끼게 할 여유를 주지 않고 다른 강연자의 일을 생각하게 하는 것이다.

"제 친구 중에 '브룩클린 이글'의 편집장으로 클리블랜드 로저스라고 하는 사람이 있는데, 그에게 부탁하는 게 어떨까요? 그렇지 않으면 가이 히키크가 좋을지 모르겠군요. 그는 유럽 특파원으로 파리 주재 15년의 경험을 가지고 있으니까 깜짝 놀랄 만한 화제가 풍부합니다. 혹은 인도에서 맹수 사냥을 한 경험을 가진 리빙스턴 롱펠로는 어떻습니까?"라는 식으로 말하는 것이다.

뉴욕 일류 인쇄회사 사장인 J. A. 윈트는 언젠가 한 기계공의 태도를 바꾸게 할 필요성이 있었다. 그런데 상대의 감정을 상하지 않게 하지 않으면 안 되었다. 이 기계공의 일은 타이프라이터와 그 외 밤낮의 구별 없이 혹사당하고 있는 기계를 조정하는 일이다. 노동 시간이 길고 일의 양이 과중해 조수가 필요하다고 입버릇처럼 말하고 있었다.

그런데 윈트는 조수도 붙이지 않고 시간도 단축해 주지 않았을 뿐만 아니라 일의 양도 줄여 주지 않고서도 그를 만족시켰다. 그에게 전용의 방 하나를 만들어준 것이다. 출입문에는 그의 이름을 써 붙이고 '수리 팀장'이라는 직명을 붙였다.

이렇게 되니 그는 벌써 평범한 일반 공원이 아니었다. 회사에 없어서는 안 될 훌륭한 수리 팀장이었던 것이다.

권위를 주고 사람에게 인정을 받고 자기의 중요감이 충족된 것이다. 그리하여 지금까지의 불평을 잊고 그는 만족해서 열심히 일했다.

이것은 마치 어린아이를 달래는 방법이라고 할지 모른다. 그러나 나폴레옹 1세도 같은 일을 했다.

그는 자기가 제정한 레종 '드뇌르 훈장'을 1,500개나 뿌리고 18명의 대장에게 '원수'의 칭호를 주었으며 자기 군대를 '대육군'이라고 불렀다. 전장의 역전 용사를 장난감으로 속이고 있다고 비난을 받으면 그는 간단하게 대답했다.

"인간은 어차피 완구玩具에 지배된다."

이 나폴레옹이 하던 방법, 즉 직함이나 권위를 주는 방법은 우리가 써도 효과가 있다. 그 예로써, 내 친구 젠트 부인의 경우를 소개하자. 부인은 근처의 개구쟁이들 때문에 골치를 앓는 일이 있었다. 정원의 잔디를 못 쓰게 만드는 것이다. 얼러도 보고 달래도 보았지만 효과가 없었다. 그래서 그는 그 악동들의 대장에게 직함을 주고 권위를 주었다. 바로 '탐정'이라는 직함이다. 그리고 잔디의 불법 침입자를 단속하는 직책을 주었다.

이 방법은 주효했다. '탐정'은 뒷마당에 모닥불을 피워 철봉을 벌겋게 달구어 그것을 휘두르며 불법 침입자들을 위세 있게 몰아내고 있었다.

제6장

행복을 위한
마음가짐

우리가 행복한 생각을 하면 우리는 행복할 것이요,
우리가 비참한 생각을 하면 우리는 비참할 것이다.
무서운 생각을 하면 무섭고, 약한 생각을 하면 병들 것이다.
우리가 실패한 생각을 하면 영락없이 우리는 실패할 것이요,
슬픈 생각만 하고 있다면 모든 사람은 우리를 꺼리게 될 것이다.

1
우리의 생활은 우리의 생각이 만든다

천당과 지옥은 마음속에 있다

얼마 전 나는 라디오 프로그램에서, '당신에게 있어 무엇이 가장 좋은 교훈이었던가?'라는 질문에 대한 답을 요구받았었다. 그 대답은 쉬웠다.

내가 배운 교훈 중에서 무엇보다도 가장 훌륭한 교훈은 '우리가 생각하는 그 생각이 중요하다.'는 것이다. 내가 만일 '당신이 무엇을 생각하고 있는가?'를 알 수 있다면, 나는 또한 '당신이 어떠한 사람인가.'를 알 수 있을 것이다.

우리가 생각하는 바가 바로 우리를 만들고 있는 것이다. 따라서 우리의 마음가짐은 우리의 운명을 결정하는 요소이다.

에머슨은 '한 사람이 온종일 생각하고 있는 그것이 곧 그 사람이다.'라고 하였다. 어떻게 그가 다른 사람이 될 수 있을 것인가?

내가 지금 조금도 걱정 근심 없이 절대적 자신을 가지고 알고 있는 것은 당신이나 나나 처리해야 할 가장 중요한 문제, 아니 사실에 있어서 우리가 처리해야 할 유일한 문제가 옳은 생각을 가지는 것이다. 만일 옳은 생각을 가질 수만 있다면 우리는 탄탄대로에 서서 모든 문제를 해결할 수 있을 것이다.

우리의 생활은 우리의 생각이 만드는 것이다.

그렇다. 우리가 행복한 생각을 하면 우리는 행복할 것이요, 우리가 비참한 생각을 하면 우리는 비참할 것이다. 무서운 생각을 하면 무섭고, 약한 생각을 하면 병들 것이다. 우리가 실패한 생각을 하면 영락없이 실패할 것이오, 슬픈 생각만 하고 있다면 모든 사람은 우리를 꺼리게 될 것이다.

노르만 빈센트 필 씨는, '우리는 우리가 그것이라고 생각하는 그것이 아니고 우리가 생각하는 바로 그것인 것이다.'라고 말하였다.

그러면 나는 모든 우리의 문제에 있어서 관습적인 '낙관하는 태도'를 취하라는 것일까? 아니다. 불행히도 인생은 그처럼 단순한 것이 아니다. 따라서 내가 주장하고 싶은 것은 우리가 소극적인 태도를 취하지 말고 적극적인 태도를 취해야 한다는 것이다.

다시 말하면 우리가 우리의 문제에 관심을 가질 필요는 있지만 걱정할 필요는 없다는 것이다.

관심과 걱정과의 차이는 어떤 것일까? 나는 이렇게 설명하고 싶다. 가령 내가 교통이 번잡한 뉴욕의 거리를 건너갈 때 나는 동작에 관심을 가지지만 걱정은 하지 않는다. 관심이라는 것은 문제의 성질을 알아서 냉정한 태도로 대책을 취하는 것이요, 걱정이라는 것은 미친 사람과 같이 쓸데없이 헤매는 것을 말하는 것이다.

우리의 마음가짐은 우리가 거의 믿을 수 없을 정도로 우리의 체력에도 영향을 끼친다. 영국의 정신병학자 해드월드는 '심리와 체력'이라는 책자에서 놀라운 실례를 들고 있다. 그는 '내가 세 사람을 선택하여 심리적 암시暗示가 그들의 체력에 어떠한 영향을 끼치는가를 실험하는 데 있어서, 그들로 하여금 역량계力量計를 쥐게 하여 그것을 측정하도록 하였다.'라고 기록했다. 그는 그들에게 있는 힘을 다하여 역량계를 쥐어보라고 말하고 다른 세 가지 조건 밑에서 실험을 해보았다.

그가 세 사람을 다른 조건 밑에서 실험할 때는 그들의 평균 쥐는 힘은 101파운드였고, 그들에게 최면술을 쓰고 그들 힘이 퍽 약하다는 말을 했을 때는 겨우 보통 체력의 3분의 1도 못 되는 29파운드밖에 쥐지 못하였다. 세 명 중의 한 사람은 권투선수였는데 그에게 최면술을 쓰고 힘이 약하다는 말을 하자, 자기 팔이 마치 아이들의 팔과 같이 가늘게 생각되었다고 고백하였다.

다음으로 해드월드는 그 세 사람을 실험하되 최면술을 쓰고 그들에게 그들의 힘이 대단히 세다는 말을 하였더니, 그들의 쥐는 힘은 평균 142파운드에 이르렀다. 결국 그들의 마음이 자기 자신의 힘에 대한 적극성으로 가득 찼을 때에는 그들의 실제 체력도 거의 500파운드나 증가하였다.

우리의 심적 태도가 이처럼 놀라운 힘을 가지고 있는 것이다.

나는 확실히 믿고 있다. 우리 마음의 평화와 생활에서 얻는 우리의 즐거움은 절대로 우리가 어느 곳에 있다든가, 무엇을 가지고 있다든가 등이 아니고, 오직 우리가 어떤 심적 태도를 가지고 있는가에 달려 있다는 것을 알 수 있다는 것이다. 외부적 조건은 별로 영향을 끼치지 못하는 것이다.

이에 대한 실례로써 존 브라운의 사건을 들어보기로 하자.

브라운은 하퍼스 선두船頭에 있는 병기고를 점령하고 노예를 선동하여 폭동을 일으키려고 했다는 죄명으로 교수형을 당한 사람이다. 그가 관 위에 앉아 교수대로 끌려갈 때 그 옆에 앉아 있던 교도관은 신경질이 되어 애를 태우고 있었지만 늙은 브라운은 침착하고 냉정한 태도로 버지니아주의 브루리지산맥을 바라보면서, '오! 아름다운 산천이여! 나는 일찍이 이곳을 지나볼 기회가 없었노라.'는 말을 하여 감탄하여 마지않았던 것이다.

처음으로 남극에 도착한 영국인 로버트 스코트와 그 일행도 마찬가지다. 그들이 돌아오는 길은 아마 인간이 경험한 여행 중에서 가장 참혹했던 것으로써 식량과 연료는 바닥이 났고 지구 한 끝을 내려 휩쓰는 무서운 눈보라는 열하루 동안이나 밤낮으로 계속되었으며, 바람은 매섭게 차서 극지의 언 발을 끊을 것 같아 그들은 한 발자국도 떼어 놓을 수가 없었다.

그리하여 스코트와 그 일행은 모두 죽기를 각오하였으며, 또 이러한 비상시를 생각하여 약간의 아편을 준비하고 있었다. 아편의 큰 덩어리 한 개만 있으면 그들은 모두 곱게 잠들어 영원히 깨지 않을 수가 있었다. 그러나 그들은 그 아편 대신에 유쾌한 노래를 소리쳐 부르면서 죽었던 것이다. 이러한 사실은 그들이 죽어서 8개월이 지난 후 수색대가 그들의 시체 속에서 발견한 편지에 의하여 알게 되었다.

그러나 우리가 만일 용기와 침착한 창의성을 기른다면 우리는 관(棺)을 타고 교수대로 가는 길에 산천경계를 감상할 수도 있고 굶주림과 추위에 죽어가면서도 유쾌한 노래로 세상을 뒤흔들 수 있는 것이다.

'실낙원'을 쓴 작가 밀턴은 300년 전에 눈이 먼 몸으로 이와 똑같은 진리를 발견했다.

마음은 언제나 제자리에 있건마는

그 마음 그 속에서 우리는

지옥을 천당으로 만들 수도 있고

천당을 지옥으로 만들 수도 있다.

나폴레옹과 헬렌 켈러는 밀턴의 이 말을 완전히 실증해 주었다. 나폴레옹은 인간이 보통 열망하는 모든 영예와 권력과 재산을 가지고 있었건만 세인트헬레나에서 '나는 일생을 통하여 행복한 날이 엿새도 없었노라.'고 말했고, 헬렌 켈러는 눈멀고 귀 먹고 벙어리의 신세였건만 '내 인생은 참으로 아름다웠다.'라는 감탄의 말을 했던 것이다.

스토아학파의 위대한 철학자 에픽테토스는 '우리는 몸에서 종기와 부스럼을 없애는 것보다 마음속의 잘못된 생각을 없애는 데 더욱 힘써야 한다.'고 경고했다.

에픽테토스는 19세기 전에 이 말을 하였거니와 현대의 의학계에서도 이를 지지하고 있다. G. 캔비 로빈슨 박사는 존스 홉킨스 병원에 입원한 환자 가운데 5명 중의 4명은 일부 정신적 긴장과 과로에서 생긴 병으로 고생하고 있다고 말하였다.

이러한 현상은 우리 몸의 고장에서도 가끔 볼 수 있다. 로빈슨 박사는 '결국 그러한 고장의 원인은 사람이 자기의 생활과 생활에 따르는 여러 문제를 서로 조화시키지 못하는 데서 생기는 것이다.'라고 말했다.

프랑스의 위대한 철학자 몽테뉴는 다음의 말을 그의 생활 표어로 삼았다.

"사람은 일어난 사건 그것보다도 그 사건에 대한 자기의 의견으로 더욱 해를 받는다."

그리고 일어난 사건에 대한 우리의 의견이란 전혀 우리 자신이 가지고 있는 것이다.

그러면 나는 이것으로써 무엇을 말하려는 것일까? 당신이 곤란한 문제에 눌려서 당신의 힘줄이 전선줄처럼 튀어나와 끝마다 비틀어졌을 때, 역시 내가 당신을 향해 이런 경우에 있어서도 당신의 의지의 힘으로 마음가짐을 변경할 수 있다는 염치없는 말을 하는 것일까? 그렇다. 바로 그것을 말하는 것이다. 그러나 결코 그것으로써 끝나는 것은 아니다. 나는 당신에게 방법을 가르쳐주려 한다. 약간의 노력은 들지는 모르지만 이 비법은 매우 간단한 것이다.

응용 심리학의 제일인자 윌리엄 제임스 씨는 일찍이 다음과 같은 의견을 발표하였다.

"행동이 감정을 따르는 것같이 보이지만 실제에 있어서는 행동과 감정은 병행하는 것이다. 그러므로 우리는 보다 직접 의지의 지배를 받는 행동을 조절함으로써 그렇지 않은 감정을 간접적으로 조절할 수 있다."

다시 말하면 우리는 하고자 하는 마음만으로는 즉시 우리의 감정을 고칠 수는 없지만 우리의 행동은 고칠 수 있으며, 따라서 우리의 행동이 고쳐질 때에는 우리의 감정은 자동적으로 고쳐진다는 것을 말한 것이다.

제임스 씨는 다시 설명하여 '그러므로 그대에게 유쾌한 감정이 없어졌을 때 자발적으로 그러한 감정을 일으키는 최고의 방법은 즐거운 태도로 일어나 앉아 마치 유쾌한 일이 벌써 자기에게 닥쳐온 것처럼 행동하고 말하는 데 있다.'고 하였다.

과연 이러한 간단한 방법이 효과가 있는 것인가? 당신 자신이 한 번 시험해보기를 바란다. 당신의 얼굴에 크고 너그러운 미소를 띠우고 가슴을 쭉 펴서 등을 기대면서 한 번 숨을 길게 쉰 다음 노래를 한 곡조 불러보자. 그러면 당신은 윌리엄 제임스 씨가 무슨 말을 했는가를 깨달을 것이다. 당신은 한편으로 행복에 취한 것 같은 가벼운 행동을 취하면서 또 한편으로는 우울하고 불유쾌한 무거운 감정에 잠겨 있기는 심리적으로 불가능할 것이다.

생각하는 대로 이루어진다

몇 해 전에 나는 조그마한 책 한 권을 읽고 내 생활에 크고 깊은 감화를 받은 일이 있었다. 그것은 제임스 알렌의 '사람은 생각하는 대로'라는 책이다. 거기에는 다음과 같은 말이 있었다.

"사람은 자기가 여러 가지 사물과 자기 이외의 다른 사람들에 대한 자기의 생각을 고치는데 따라 사물과 자기 이외에 다른 사람들이 자기에게 대하는 태도로 달라진다는 것을 깨달았다.

사람이 근본적으로 자기의 사상을 고치는 때는, 그는 자기 성격의 급속한 변화와 또 그 변화가 자기의 물질적 조건에 끼치는 영향을 보고 놀랄 것이다.

사람은 자기가 원하는 것을 끌어들이는 것이 아니고 자기가 가지고 있는 그것을 끌어들이는 것이다.

우리의 목적을 이루어 주는 신은 우리 자신 속에 있는 것이다. 신은 바로 우리 자신인 것이다.

사람의 모든 성공은 자기 자신이 생각한 직접 결과이다.

출세와 승리와 성공은 오직 자기의 사상을 고상하게 하는데 있는 것이며, 사상을 높이지 않으면 그는 한갓 약하고 비겁하게 가엾은 인간이 되어버리고 말 것이다."

'창세기'에 의하면, 조물주는 인간에게 이 넓은 지구 전체를 지배할 권리를 주었다고 쓰여 있다. 참으로 위대한 선물이다. 그러나 나는 내 자신에 대한 지배권, 내 사상에 대한 지배권, 내 공포에 대한 지배권, 내 마음과 내 정신에 대한 지배권을 원하고 있다. 그리고 내가 아는 위대한 사실의 하나는 단순히 나의 행동을 지배하고 그 행동이 모두 나의 반향을 지배함으로써 위에 말한 바와 같이 모든 지배권을 놀라울 정도로 어느 때나 마음대로 얻을 수 있다는 사실이다.

그러므로 우리는 다음과 같은 윌리엄 제임스 씨의 말을 기억할 필요가 있다.

"피해자가 단순히 그의 심적 태도를 공포로부터 투쟁으로 옮기는 것으로써 우리가 악이라고 부르는 것은 흔히 훌륭한 선으로 고치는 때가 많다."

그렇다! 다 같이 우리의 행복을 위하여 투쟁해야 한다.

당신이 만일 당신에게 평화와 행복을 가져오는 심적 태도를 기르고 싶다면 거기에 대한 제1의 법칙은 다음과 같다.

유쾌하게 생각하고 유쾌하게 행동하면 된다. 그러면 당신은 유쾌한 감정을 느끼게 될 것이다.

2
적대감정을 가져서는 안 된다

몇 해 전 내가 옐로우스톤 공원을 여행한 일이 있었다. 그 어느 날 밤 나는 다른 여행객 몇 사람과 더불어 소나무와 전나무가 우거진 숲을 향하여 있는 야외 관람석에 앉아 있었다. 그런데 얼마 되지 않아 우리가 기다리고 있던 짐승, 즉 숲의 공포라 일컬어지는 회색빛 곰 한 마리가 전등불빛 아래로 어슬렁어슬렁 걸어 나와 공원 호텔 식당에서 내다 버린 음식 찌꺼기를 허겁지겁 먹기 시작하였다.

그때 산림감독원인 메이저 마틴은 말을 타고 앉아서 흥분된 여행 객들에게 곰에 대한 얘기를 하는 것이었다. 그는 우리에게 그 회색 빛 곰은 서방세계에 있어서 들소나 다른 짐승을 때려누일 수 있다 고 했다.

그러나 그날 저녁 내가 본 것은, 단 한 마리의 짐승 스컹크가 곰 의 허락이나 맡은 듯이 숲속에서 나와 전등불 밑에서 곰과 함께 음식 찌꺼기를 먹고 있을 뿐이었다. 회색빛 곰은 물론 스컹크 한 마리쯤이야 그의 힘센 앞다리로 단번에 없앨 수가 있다고 생각했을 것이다. 그런데 왜 곰은 그렇게 하지 않았을까? 그는 경험에 의하여 그렇게 하는 것이 수지가 맞지 않는다는 것을 알기 때문이다.

나도 이와 같은 이치를 알고 있다. 내가 농촌에서 커갈 때 미주리 지방 덤불 속에서 네 발 달린 스컹크를 잡은 일이 있었고, 그 후 어른이 되어서는 뉴욕 거리에서 두 발 달린 스컹크를 가끔 만난 일이 있었으나 나는 지나간 쓰라린 경험에 의하여 어느 쪽을 건드리든지 그것이 모두 수지가 맞지 않는다는 것을 깨달았다.

우리가 우리의 적을 미워할 때는 우리는 적에게 우리보다 나은 힘을 주는 것이다. 즉 수면과 식욕과 혈압과 건강과 행복에 있어서 우리보다 나은 힘을 적에게 주게 된다.

적이 만일 자기로 말미암아 우리의 마음속에 걱정이 생기고 혼란이 일어나 한풀 꺾였다는 것을 안다면 그것만으로도 적은 기뻐서 춤을 출 것이다

우리의 미움은 조금도 적을 해치지 못하고 도리어 우리 자신의 생활을 지옥같이 혼란한 곳으로 이끌어드릴 따름이다.

만일 이기주의자가 있어서 당신을 부당히 이용하려고 하거든 그의 이름을 당신의 비망록에서 없애버리고 복수를 하려고 애쓰지 말아야 한다. 복수를 하려 하면 당신은 상대자보다도 자신을 더 해치게 될 것이다.

복수를 하려 할 때 우리는 어떠한 해를 입는가? 여러 가지의 해가

있다. '라이프'지에 의하면 우리의 건강까지도 해를 입는다는 것이다. 고혈압을 가진 사람의 특징은 울분인데, 그 울분이 만성이 될 때에는 만성적 고혈압과 심장병이 따르게 된다고 기술하고 있다.

우리는 남을 미워하는 생각 때문에 얼굴에 주름살이 잡히며 무신경하게 되고 분개한 감정으로 말미암아 모양이 흉하게 된 여자를 많이 알고 있다. 이 세상에 어떠한 미용술도 용서와 친절한 사랑으로 마음이 가득 찬 사람의 얼굴에 비하여 그 절반도 아름답게 꾸미지는 못할 것이다.

증오는 우리의 음식을 맛보는 능력까지도 소모시킨다. 이것을 성경에서는 '사랑이 있는 곳에서 나물을 먹는 것이, 서로 미워하며 살찐 소를 먹는 것보다 낫다.'라는 말로 표현되어 있다.

우리의 적이 만일 우리가 그들을 미워함으로써 우리의 힘을 소모하고 피로와 신경질로 우리의 용모를 상하게 하며 심장병을 일으켜 결국 우리의 수명을 짧게 하는 데까지 이르렀다는 것을 안다면 그들이 얼마나 좋아서 손뼉을 칠 것인가.

설사 우리가 적을 사랑하지는 못한다 할지라도 적어도 우리는 우리 자신은 사랑해야 할 것이다. 적이 우리의 행복과 건강과 용모를 해치지 못하게 우리 자신을 스스로 사랑하라고 셰익스피어는 말했다.

"너의 원수 때문에 난롯불을 뜨겁게 지피지 말라. 오히려 그 불이 그대 자신을 태우는 것이 되리라."

우리는 우리의 적을 사랑할 만큼 어질지는 못할망정 적어도 우리 자신의 건강과 행복을 위하여 적을 용서하고 원수를 잊어야 할 것이다. 그렇게 하는 것이 현명한 일이다.

우리의 적을 용서하고 잊어버리는 가장 확실한 방법은 우리가 우리 자신보다 훨씬 높은 어떠한 목적에 우리의 마음을 전부 바치는 데 있다. 그렇게 할 때에 우리는 우리의 목적 이외의 모든 것을 잊어버리는 까닭에 우리가 당하는 모든 모욕과 적의가 우리에게 아무런 여향을 끼치지 못한다.

에픽테토스는 '우리가 뿌린 씨는 우리가 거둔다.'고 말했고, 어떠한 방법으로나 우리의 운명은 우리가 행한 일에 대하여 언제나 우리로 하여금 그 대가를 치르게 한다고 지적했다. 그는 이렇게 말했다.

아마 미국 역사에 있어서 링컨처럼 비난과 미움과 배반을 많이 받은 사람도 없을 것이다. 그러나 하든은 유명한 '전기(傳記)'에서 링컨을 다음과 같이 기술하고 있다.

"절대로 사람을 자기가 좋아하고 안 하는 것으로써 판단하지 않는다. 어떠한 일을 해야 할 경우에 있어서 그는 자기의 적이라도 능히 그 일을 누구에게도 못지않게 할 수 있다고 생각했다. 따라서 그는 어떠한 사람이 혹 자기에게 악의를 품고 있거나 또는 개인적으로 자기에게 잘못한 일이 있다 하더라도 그 사람이 그 자리에 가장 적당하다고 생각될 때는 자기의 친구보다도 그 사람에게 그 자리를 맡겼던 것이다……. 나는 링컨이 자기의 적이라고 해서, 또는 자기가 싫어한다고 해서 어떤 사람을 해고시킨 실례를 보지 못했다."

링컨은 자기가 직접 높은 자리에 임명했던 사람들로부터 비난과 모욕을 당했었다. 그러나 그의 법률 상담역이었던 하든의 말에 의하면 링컨은, '어떠한 사람을 막론하고 그가 무엇을 했다고 해서 그를 칭찬할 것도 아니요, 또 무엇을 하고 무엇을 안 했다는 이유로써 그를 비난할 것도 아니다. 왜냐하면 우리는 모두가 다 여러 가지 조건과 사정과 환경과 교육과 습관과 유전으로부터 생겨난 것으로써, 그러한 모든 것이 현재에도 우리를 만들고 있거니와 영원한 장래에 있어서도 우리를 만들게 될 것이기 때문이다.'라는 신념을 가지고 있었다는 것이다.

과연 링컨의 생각이 옳았다. 만일 우리가 우리의 정적들이 물려받은 것과 같은 육체적, 정신적, 감정적 특징을 물려받고, 또 적의 경험한 것과 같은 생활을 우리가 해왔다고 하면 우리는 적이 행동한 바와 똑같이 행동을 했을 뿐, 그와 다른 아무런 행동도 못했을 것이다. 그러므로 우리는 우리의 적을 미워하지 말고 그를 가엾게 생각하며 우리의 생활이 우리를 그렇게 만들지 않은 것을 하느님께 감사하자. 적에 대한 우리의 비난과 원한을 쌓아두지 말고 우리의 이해와 동정과 원조와 관용과 기도를 그들에게 바치기로 하자.

우리에게 평화와 행복을 가져오는 심적 태도를 기르기 위하여 다음을 기억하자.

3
배은망덕함을 분개할 필요는 없다

나는 텍사스에서 어떤 사업가 한 사람이 대단히 성이 나서 펄펄 뛰고 있는 것을 보았다. 그는 나를 만나자마자 숨 돌린 틈도 없이 말하기 시작했고 그 말은 벌써 열한 달 전에 일어난 사건임에도 불구하고 그는 여전히 분개하고 있었다. 그는 자기가 데리고 있는 서른네 명의 회사원에 대하여 크리스마스 상여금으로 만 달러를 풀어 한 사람당 약 삼백 달러씩 분배하여 주었으나 고맙다는 말을 한 사람이 한 명도 없었다는 것이다. '그자들에게 한 푼이라도 보태준 것이 도리어 후회가 됩니다.'라는 말이 골자였다. 곧 배은망덕도 유분수라는 이야기였다.

'성난 사람의 마음은 언제나 독으로 가득 차 있다.'라고 공자는 말했다. 이 사업가의 마음도 독으로 가득 차 있는 것을 보고 오히려 그가 불쌍해 보였다. 그의 나이는 60세 정도였는데 수준은 16세가량이었다.

생명보험회사의 통계를 보면 우리는 평균 현재의 나이와 80세 사이에 있는 차이의 3분의 2보다 조금 더 살 수 있다는 것이다. 그렇다면 이 사업가는 오래 산다고 해도 앞으로 14년이나 15년밖에는 못 살 것이다. 그럼에도 불구하고 이 사업가는 이미 11개월이나 지나간 일을 못 잊어 후회하고 분개함으로써 얼마 남지 않은 그의 여생을 부질없이 소모하고 있는 성싶었다.

그는 분개하고 후회하는 대신에 차라리 어찌하여 자기가 남으로부터 감사인사를 받지 못하는지를 자기 자신에게 물어보아야 할 것이었다. 이 사업가가 혹 고용인들을 값싼 급료로 지나치게 부려먹지나 않는가, 또는 회사원들이 그 크리스마스 상여금을 자기들 자신이 벌어놓은 보수로 알았는가, 혹은 그 사업가가 너무 엄격하고 애교가 없기 때문에 사원들이 감히 그 앞에 나아가서 고맙다는 말을 하지 못했는가, 그렇지 않다면 또 그가 회사의 이익이 결국 세금으로 빼앗길 것을 알고 생색이나 내기 위하여 그것을 사원에게 상여금으로 주었는지 등등을 생각해보았어야 했다.

또 한편으로 생각해 볼 때, 그 직원들이 제각기 개인주의이며 인색하고 예의를 모르는 사람들인지도 모를 일이다. 하여간 나는 그 내용은 자세히 알지 못하지만 다만 내가 알고 있는 것은 사무엘 존슨이 말한 바, '감사의 마음은 높은 교양에서 우러나오는 것으로 저속한 인간에게서는 이것을 찾아볼 수 없다.'라는 말이다.

가령 당신이 사람의 생명을 구조해 주었다면 당신은 그 사람으로부터 당신에게 감사할 것을 기대하는가?

사무엘은 그가 판사가 되기 전에 유명한 사건 변호사로 있었는데, 그의 변호사 시절에 78명의 사형수를 죽음으로부터 구해 주었다. 그러면 그 후 그중에서 사무엘에게 감사의 말은 고사하고 크리스마스 카드 한 장이라도 보낸 사람이 몇 명이나 되는 줄로 생각하는가? 미안하지만 한 장도 없었다.

이것이 이 세상의 인심이다. 인간성은 언제나 이런 것이며, 우리가 살고 있는 동안에 그것이 변하지는 않을 것이다. 그러므로 이를 받아들일 수밖에 없지 않겠는가. 왜 우리는 이러한 진리에 대하여 저 로마 제국의 가장 현명한 통치자였던 마르쿠스 아우렐리우스처럼 현실적인 태도를 취하지 못하는가? 아우렐리우스는 그의 일기에 다음과 같은 말을 기록했다.

"나는 오늘 또 말 많고 이기주의적이며 자기 본위요 배은망덕한 사람들을 만나게 될 것이다. 그러나 나는 절대로 놀라지도 않고 마음 상하지도 않을 것이다. 왜냐하면 나는 도무지 이러한 삶이 없는 세상을 상상할 수 없기 때문이다."

과연 옳은 말이다. 우리가 만일 배은망덕에 대한 불평을 말한다면 그것은 누구의 허물일까? 인간성의 잘못일까? 또는 인간성이 어떻다는 것을 우리가 모르는 까닭일까? 우리는 남이 감사하기를 기대하지 말아야 한다. 그리하여 혹 감사하다는 사람이 있으면 의외의 기쁨으로써 그것을 맞이하고 설혹 감사하지 않더라도 그것으로 말미암아 우리의 마음을 상하게 해서는 안 된다.

아리스토텔레스는 이렇게 말했다.

"이상적인 사람은 내가 남에게 은혜 베풀기를 좋아하고 남에게서 은혜받기를 부끄러워한다. 왜냐하면 남에게 친절을 베푸는 것은 자기의 우월성을 나타내는 것이오, 남에게서 친절을 받는 것은 자기의 저열성低劣性을 표시하기 때문인 것이다."

다음 한 토막의 글귀를 상기하기 바란다.

"우리가 행복하게 되기를 원한다면 남의 감사나 배은망덕을 전혀 잊어버리고 오직 우리가 남에게 무엇을 베풀어주는 것으로써 마음속에 즐거움을 느껴야 한다."

부모가 된 사람들은 지나간 수만 년 동안 자신의 자녀들에게 받은 배은망덕으로 말미암아 가슴이 아플 때가 많았을 것이다. 셰익스피어의 리어왕도 '배은망덕한 자식은 뱀 이빨같이 독하도다!'라고 탄식했다.

그러나 우리가 자식을 그렇게 교육하지 않고서 어떻게 그들에게서 감사를 기대할 수 있을 것인가! 배은망덕은 자연스러운 것으로써 마치 들풀과 같으나 감사는 장미와 같이 물을 주어 이것을 기르고 사랑하며 가꿔야만 하는 것이다.

만일 우리의 자녀가 배은망덕한 짓을 한다면 그것은 누구의 잘못인가? 아마 우리 자신의 잘못일 것이다. 우리가 자녀에게 남에 대한

감사를 가르쳐주지 않고 어떻게 그들이 우리에게 감사할 것을 기대
할 수 있을 것인가?

자기가 가진 것을 훌륭하게 알아야 한다

생각하고 감사해야 한다

나는 여러 해 전부터 헤럴드 애버트 군을 알고 있다. 그는 오랫동안 내 강연 매니저 역할을 했었다. 어느 날 그와 내가 만나서 그의 자동차를 함께 타고 미주리주에 있는 내 농장을 찾아갈 때 내가 그에게 어떠한 방법으로 걱정 근심을 잊고 지내느냐고 물어보았더니 그는 잊지 못할 감격스런 이야기를 나에게 들려주었다.

"지난날 저는 많은 걱정 근심을 가지고 있었습니다. 그러나 어느 날 제가 웨브 시티의 거리를 걸어갈 때 어떤 광경 하나를 보고 모든 걱정 근심이 단번에 사라져버리고 말았습니다. 그것은 단 10초 사이에 일어난 사건이었으나 제가 이 10초간 배운 것이 인생을 살아가는 데 있어서 제가 과거 12년 동안 배운 그것보다도 훨씬 많았습니다.

저는 20년 동안 웨브에서 식료품과 잡화를 파는 상점을 경영했습니다. 그러나 저는 그 장사에서 실패해 7년간 계속하여 갚아야 할 부채까지 짊어지게 되었습니다. 그리하여 저는 어느 토요일, 상점 문을 닫고 다음 주일을 기다려 캔자스에 가서 직업이라도 한 자리 구해볼까 하고 돈을 빌리러 은행을 찾아가던 길이었습니다.

저는 얼빠진 사람처럼 길을 걸어갔습니다. 저의 모든 투쟁력과 자신은 완전히 없어져 버렸던 것입니다. 그때 별안간 다리 없는 사람 하나가 이쪽을 향하여 다가오는 것을 보았습니다. 그는 롤러스케이트의 바퀴를 단 조그만 널조각 위에 앉아 양쪽 손에 쥔 나뭇가지로 땅을 저으면서 다가오고 있었습니다. 제가 그를 만난 것은 바로 그가 큰 길을 건너서 보도 위로 올라서려고 약간 몸을 들었을 때였습니다. 그가 막 널조각을 보도 턱에 댔을 때 그의 눈과 제 눈이 서로 마주쳤습니다.

그는 유쾌한 웃음을 웃으면서 저를 보고 먼저 인사를 하더군요.

'안녕하십니까? 날씨가 매우 좋습니다!'

그가 기운차게 말했습니다. 저는 우두커니 서서 그를 바라보았습니다. 저는 두 다리가 있고 걸어 다닐 수가 있지 않습니까? 저는 오늘날까지 자기 자신을 가엾게 생각하여 온 것을 부끄럽게 생각했습니다. 그리하여 저는 자신에게 이렇게 말해 보았습니다.

'다리 없는 사람이 저처럼 행복하고 유쾌하며 자신을 가지고 있을진대 하물며 두 다리 멀쩡한 내가 그렇지 못할 이유가 어디 있겠는가.'

저는 어느덧 그 자리에서 가슴이 떡 벌어지는 기분을 느꼈습니다. 그리하여 저는 당초 은행에서 꼭 100달러면 빌리려고 했으나 이제 200달러까지 빌릴 용기가 생겼습니다. 그리고 또 저는 캔자스에 가서 '직업을 찾을까 생각한다.'라고 자신 있게 말할 수가 있게 되었습니다.

저는 돈도 빌리고 직업도 얻었습니다."

신발이 없음을 한탄하며 밖에 나오니 거리에는 다리 없는 사람도 있더라.

나는 언젠가 에디 리켄베이커에게 그가 태평양에서 조난당하여 그의 일행과 함께 구명보트를 타고 22일간이나 바다를 표류했을 때 어떠한 큰 교훈을 배웠느냐고 물었다. 그러자 그는 '이 경험에서 제가 배운 가장 큰 교훈은, 마시고 싶은 깨끗한 물과 먹고 싶은 음식만 우리에게 있다면 아무것도 불평할 필요가 없다는 교훈을 배웠습니다.'라고 말했다.

왜 우리는 당장 이 자리에서 우리 자신에게 '대체 나는 지금 무슨 걱정 근심을 하고 있는 것일까?'하고 반성하지 못하는가? 필경 우리는 걱정 근심이 그다지 중요한 것이 아니라는 것을 발견할 수 있을 것이다.

우리 인생에 있어서 좋은 일은 90%요 나쁜 일은 10%다. 그러므로 우리가 행복하기를 원한다면 90%의 옳은 일에다 마음을 집중시키고 10%의 잘못을 무시하면 된다. 그와 반대로 우리가 걱정 근심과 비관으로 위암에 걸리고 싶다면, 우리는 우리의 정신을 10%의 잘못에 집중하여 보람 있는 90%의 것을 무시하면 되는 것이다.

"생각하고 감사하라."

이 말은 영국의 여러 교회에 새겨져 있다. 우리의 가슴에도 또한 생각하고 감사하자는 말이 새겨져 있어야 할 것이다.

우리가 감사해야 할 모든 것을 생각하고 우리에게 준 모든 복과 은혜를 하느님께 감사드려야 할 것이다.

'걸리버 여행기'를 쓴 조나단 스위프트는 영국 문학계에 있어서 가장 대표적인 염세주의자였었다. 그는 자기가 이 세상에 태어난 것이 너무도 원통하다 하여 자기 생일날에는 검은 옷을 입고 단식까지 했던 것이다. 그럼에도 불구하고 영국문학에서 제일 염세주의자인 이 스위프트가 그와 같은 절망 속에서도 유쾌하고 행복을 느끼는 거룩한 인간의 힘을 찬미했다.

"세상에서 가장 훌륭한 의사는 식사의食事醫, 정숙의靜肅醫, 명랑의明朗醫이다."

우리는 날마다 어느 시간을 막론하고 우리가 가진 보배, 즉 '알리바바의 신화'에 나오는 그것보다도 훨씬 훌륭한 보배에 우리의 주의를 기울임으로써 '명랑의사'의 봉사를 무료로 받을 수가 있을 것이다. 우리는 수십억 달러의 대금으로 우리의 양쪽 눈을 팔아버릴 수 있을 것인가? 우리의 두 다리를 주고 무엇을 받을 것인가? 우리의 손을, 우리의 귀를, 우리의 자녀를, 그리고 우리의 가족을? 우리가 가진 재산을 쌓아 볼 때 우리는 록펠러와 포드와 몰간의 금 덩어리를 한데 뭉쳐 놓아두더라도 우리가 가진 그 보배와는 바꾸지 않을 것이다.

쇼펜하우어는 말했다. '우리는 우리가 가진 것을 좀처럼 생각하지 않고 언제나 없는 것만을 생각하고 있다.'라고. 과연 그렇다. '우리가 가진 것을 생각하지 않고 언제나 없는 것만 생각하는' 이 경향이야말로 이 지구상에서 무엇보다도 제일 큰 비극을 만들고 있는 것이다. 바로 이것이 아마 인류 역사상에서 전쟁과 질병도 더 큰 불행을 빚어내고 있을 것이다.

로건 피어선 스미스는 여러 가지 진리를 한데 뭉쳐서 다음과 같이 표현했다.

"인생의 목적에는 두 가지가 있으니, 첫째는 우리가 원하는 것을 얻는 것이요. 둘째는 그것을 즐기는 것이다. 그러나 둘째의 목적은 오직 지혜 있는 사람만이 이룰 수 있다."

부엌에서 접시를 닦는 일일지라도 놀라운 경험이 된다는 것을 당신은 아는가? 만일 그것을 알고 싶으면 불굴의 용기와 감격이 담겨 있는 버그힐드 달이 쓴 '나는 보고 싶었다'라는 책을 읽어보자.

이 책은 반세기 동안이나 앞을 보지 못하고 살아온 한 부인이 집필한 책이다.

"나는 한 개의 눈만 가지고 있었다. 그것도 눈자위가 두터운 막으로 넓게 덮어져 있기 때문에 나는 그 눈 왼쪽에 있는 조그마한 구멍 하나를 통하여 겨우 밖을 내다볼 수가 있었다. 내가 책을 읽을 때에는 책을 얼굴에 바싹 들이대고 눈동자를 왼쪽으로 힘껏 몰아서 글자를 보곤 했다."

그러나 그녀는 슬퍼하지 않고 자기가 남과 다르다고도 생각하지도 않았다. 어렸을 때 그는 다른 아이들과 돌차기 장난을 하고 싶었으나 표식이 보이지 않아 걱정이었다. 그리하여 그는 다른 아이들이 모두 집으로 돌아간 후 홀로 남아서 운동장 위에 그려진 표식에 눈을 가까이 대고 엎드려 기어가며 다른 아이들이 놀던 터전의 생김새를 낱낱이 기억했다. 집에 돌아오면 큰 글자로 박힌 책을 들고 눈썹이 책장에 스칠 만큼 눈을 책에 가까이 대고 글을 읽곤 했다. 그리하여 그는 미네소타 대학과 콜롬비아 대학에서 각각 문학사 학위를 얻었다. 처음에는 그가 미네소타주 트윈 벨레의 조그마한 촌락에서 교편을 잡았으나 나중에는 오거스태너 대학에서 신문학과 문학 교수가 되었다.

이곳에서 그녀는 23년간 강의를 하며 부인회에 나가 강연도 하고 '도서와 저서'라는 제목으로 방송도 했다. 그는 이렇게 썼다.

"혹 눈이 전부 멀지나 않을까 하는 공포심이 언제나 내 머리를 떠나지 않았다. 그리하여 나는 이것을 정복할 목적으로 인생에 대한 태도를 어디까지나 유쾌하게 가지기로 했다."

그런데 그가 52세 되던 해, 한 기적적인 일이 일어났다. 그것은 메이요 진료소에서 실시한 수술이었다. 그는 지금까지보다 40배나 되는 시력을 가지고 세상을 볼 수 있게 되었다.

새롭고 신기한 사랑의 세계가 그의 눈앞을 열었다. 그는 이제 부업 설거지통에서 접시를 닦는 일에도 기막힌 감격을 느끼고 있었다.

"나는 설거지통에 있는 희고 고운 비눗물로 물장난을 해보았다. 거품 속에 깊이 손을 담갔다가 조그마한 비누거품 한 덩어리를 들어 햇빛에 비춰보았다. 비누거품의 방울마다 아름다운 빛을 띤 차디찬 무지개가 가득 들어 있었다."

그녀가 설거지통 너머로 우연히 밖을 내다보았을 때 거기에는 잿빛 참새들이 날개를 치며 함박꽃송이처럼 탐스럽게 내리는 눈 사이로 이리저리 날고 있었다.

그녀는 비누거품과 참새 떼를 보고 마음이 황홀하여 자신의 저서에서 이렇게 말로 끝을 맺었다.

"나는 이렇게 혼잣말로 속삭였다. 사랑하는 하느님, 하늘에 계신 우리 아버지! 감사합니다."

당신도 또한 접시를 닦으면서, 비누거품 속에 비치는 무지개와 눈 속을 나는 참새를 보고 하느님께 감사할 수 있을까 생각하여 보자!

당신이나 나나 다 같이 자기 자신을 부끄러워해야 할 것이다. 가는 해 오는 날에 우리는 언제나 요지경 속 같은 아름다운 세계에서 살고 있지만 우리는 너무도 눈이 어두워 그것을 보지 못하고, 배가 불러 인생의 참 맛을 모르고 있는 것이다.

자기 자신이 되어야 한다

나는 에디서 앨럿 부인에게서 편지 한 통을 받았다. 그 사연은 이러하다.

저는 어렸을 때 지나치게 감정이 예민하고 수줍기 짝이 없었습니다. 제 몸이 너무 뚱뚱한데다가 양쪽 볼이 축 처져서 실제보다 몸이 더 비대한 것처럼 보였습니다. 제 어머니는 옛날식이어서 고운 의상이 필요 없다고 생각했으며 언제나, '크고 넉넉한 옷은 입을 수 있어도 작은 옷은 찢어진다.'는 말을 며 제 옷도 그런 식으로 만들어주셨습니다.

저는 절대로 어떤 파티에도 참석하지 않았고 운동경기 같은 데도 참가하지 않았습니다. 제 부끄러움은 거의 병적이었으며 저는 다른 모든 사람보다 '모자라는 사람'이라고 자처하는 동시에 전혀 소용없는 인간으로까지 생각했습니다.

제가 장성하자 저는 저보다 나이가 많은 어떤 남자와 결혼했습니다. 그러나 저에게는 아무런 변화가 오지 않았습니다.

시집식구들은 퍽 점잖고 자신감이 있는 사람들이었습니다. 모든 점에 있어서 아무것도 모자랄 데 없는 사람들이었습니다만 저는 도무지 거기에 끼지를 못했습니다. 그들이 저를 자기편으로 끌어들이려 하면 할수록 저는 점점 그들과 멀어지게 되었습니다.

이윽고 저는 신경질이 나고 역정이 나기 시작했습니다. 그리하여 저는 모든 친구들을 피했습니다. 이제 문밖에 초인종이 울리는 것도 무서울 지경이었습니다.

저는 완전히 낙오자가 되었습니다. 제 자신도 그것을 알았으며 제 남편이 그것을 알까 봐 두려웠습니다. 그리하여 혹 공석에 나가는 때는 일부러 번드레한 차림을 하고 재롱스러운 행동을 해보았습니다.

그러나 그러한 행동을 의식적으로 취한 후에는 마음이 도리어 전보다 더 불쾌해졌습니다. 그러다가 나중에는 세상에 사는 의미조차 잃어버리게 되어 자살까지 생각해보았습니다.

그렇다면 무엇이 이 불행한 여성의 생활을 고쳐주었을까? 우연한 기회에 그가 들은 한마디의 말이었다.

우연한 기회에 들은 한마디의 말은 무엇이었을까? 앨럿 부인의 편지는 그대로 계속된다.

어느 날 시어머니는 어떻게 당신이 자녀를 길러 냈다는 얘기를 하셨습니다. 그녀는 어떤 일이 있던지 간에 언제나 자식들에게 '자기 자신이 되기를 권했다.'라고 말씀하셨습니다. '자기 자신이 되자!' 바로 이 말이었습니다. 바로 그 자리에서 제 머리에 문득 떠오르는 것은 제 모든 불행이 저에게 맞지 않는 틀에 제 자신을 억지로 맞추려고 하는데 있다는 것을 깨달았습니다.

저는 하룻밤 사이에 마음을 고쳐먹고 제가 제 자신이 되기로 결심했습니다. 그리하여 저는 제 자신의 개성을 연구하려고 했습니다. '제 생긴 그대로'를 찾아보려고 했습니다. 저는 제 장점을 발견하는 동시에 의상의 빛깔과 모양까지도 될 수 있는 한 잘 연구하여 제 몸에 맞게 만들었습니다. 나아가 저는 친구도 사귀고 사회단체에도 가입했습니다. 처음에는 조그마한 모임에 참가했지만 나중에는 그들이 저를 연사로 선택하게까지 되었습니다.

저는 처음에는 두려움에 떨었으나 한 번 두 번 해나가는 동안에 용기를 얻었습니다. 물론 오랜 세월 동안 이루어진 일이었지만 지금 와 생각하니 전에는 꿈에도 생각하지 못할 만큼 행복해졌습니다.

저는 지금 제 자녀를 기르는 데 있어서도 제가 그와 같은 쓰라린 경험에서 얻은 교훈을 항상 그들에게 가르치고 있습니다.

즉 '어떠한 일이 있더라도 언제나 자기 자신이 되어라!'

오직 최선을 다하자

이처럼 자기 자신이어야 한다는 문제는 "역사와 같이 오래되었고 인간생활과 같이 보편적인 것"이라고 제임스 길키 박사는 말하고 있다.

자기 자신이 되기를 싫어한다는 문제는 모든 신경증과 정신이상, 강박관념의 원인이 되고 있다.

안젤로 페트리는 아동교육문제에 관하여 13종류의 책을 쓰고 수천 개의 신문사설을 쓴 사람이었는데, 그는 '누구보다도 제일 비참한 인간은 자기의 몸과 마음속에 있는 자기 자신이 되려고 하지 않고 그와 다른 사람이나 그와 다른 그 무엇이 되기를 원하는 사람이다.'라고 말했다.

나는 한 석유회사의 인사부장에게 취업을 희망하는 자들이 범하는 가장 큰 실수가 무엇인지 물어 본 일이 있다. 그는 이러한 것을 알 만한 사람이었다. 왜냐하면 그는 이미 6만 명 이상의 취업희망자와 면담했으며 '취업하는 6가지 방법'이라는 책을 쓴 사람이다.

"취업을 희망하는 자들이 범하는 가장 큰 실수는 자기 자신이 되려고 하지 않는 데 있습니다. 그들은 가슴을 열고 솔직한 말을 하려 하지 않고 흔히 우리가 원하는 답을 하려고 합니다. 그러나 그것은 아무 소용이 없는 일입니다. 왜냐하면 아무도 가짜를 원하지 않습니다. 위조지폐를 가지려고 하는 사람은 한 사람도 없는 법이지요."

그러면 여기서 그 좋은 실례를 하나 들어보기로 하자.

어떤 기관사의 딸 하나가 상당히 노력한 끝에 그러한 교훈을 알았다. 그 아가씨는 가수가 되려 했으나 남만 못한 것이 흠이었다. 그녀의 입은 크고 이는 뻐드러져 밖으로 내보였다. 그가 뉴저지 나이트클럽에 모여 있는 대중 앞에서 처음으로 노래할 때 윗입술로 이를 가리려고 하였다. 그녀는 최선을 다해 매력적인 공연을 하려 했으나 결과는 도리어 웃음거리가 되고 그녀의 희망은 물거품이 되었다.

그러나 그 나이트클럽에서 이 아가씨의 노래를 듣고 훌륭한 소질이 있다고 생각한 한 남자가 있었다. 그는 체면을 생각하지 않고 직접 그 여자에 대하여 물었다.

"저는 당신의 공연을 보고 당신이 무엇을 감추려 하는지를 알았소. 당신은 당신의 치아를 부끄러워하는 것이 아니겠소?"

여자는 무안했다. 그러나 남자는 그대로 말을 이었다.

"그것이 무슨 관계가 있단 말이오. 뻐드렁니를 가진 것이 무슨 죄가 될 것이 있소. 절대로 그것을 감추려고 하지 말고 입을 크게 벌리시오. 그러면 청중은 부끄러워하지 않는 당신의 모습을 더욱 사랑스럽게 여길 것이오. 당신이 감추려고 하는 그 치아가 당신의 운명을 고쳐줄는지도 모르오."

캐스 달리는 이 남자의 충고에 따라 자기의 이를 잊어버리게 되었다. 이때부터 그녀는 청중만을 생각했다. 그녀는 되도록 입을 크게 벌려 명랑하고 유쾌한 태도로 노래를 부르기 시작하여 마침내 영화와 라디오에서 일급 가수가 되었다. 다른 희극 배우들은 도리어 이 캐스 달리의 흉내를 내려고 하고 있다.

유명한 윌리엄 제임스가 보통 사람은 자기의 숨은 정신적 능력을 10%밖에 발휘하지 못한다고 말한 것은 바로 이 자기 자신을 발견하지 못하는 사람들을 두고 한 말이다. 그는 이러한 말을 썼다.

"우리는 자기가 타고난 인물의 그릇을 겨우 절반밖에 채우지 못하고 있다. 우리는 우리의 육체적, 정신적 능력의 극히 작은 부분만을 이용하고 있는 것이다. 이것을 대체로 보면 각자의 인간은 자기 자신의 한계보다 훨씬 안쪽으로 살고 있는 것이다. 사람은 여러 종류의 힘을 가지고 있건만 관습적으로 그것을 이용하지 못하고 있다."

우리 모두 이러한 능력을 가지고 있다. 그러므로 우리가 남과 같지 않다고 해서 잠시라도 걱정할 필요는 없는 것이다. 당신은 이 세상에서 새로운 그 무엇이다. 세상이 처음 생길 때부터 오늘에 이르기까지 당신과 똑같은 사람은 하나도 없었으며, 앞으로 수억 년을 가더라도 당신과 똑같은 사람은 역시 하나도 나오지 않을 것이다.

실험 유전학의 새로운 과학에 의하면, 당신이 가지고 있는 당신의 몸은 주로 당신의 아버지에게서 받은 24개의 염색체와 당신의 어머니에게서 받은 24개의 염색체로 이루어진 것으로 이 48개의 염색체가 당신의 유전을 결정한 모든 요소인 것이다.

앨런은 이렇게 말했다.

"각 염색체 속에는 어느 부분을 막론하고 수십 개로부터 수백 개에 이르는 유전자가 있는데 경우에 따라서는 그 한 개의 유전자가 한 인간의 전 생명을 변경시킬 수 있다."

과연 우리의 몸은 이렇듯 '놀라울 정도로 위대하게' 만들어져 있는 것이다.

당신의 어머니와 아버지가 같이 만나 함께 생활을 한다 하더라도 당신과 같이 지정된 인간이 태어나게 되는 확률은 300조의 기회의 단 한 번의 기회가 있을 뿐이다.

다시 말하면 그대가 300조의 형제자매를 가졌다 하더라도 그대를 빼놓고서는 전부가 그대와 다를 것이다. 이것은 결코 내 주먹구구에서 나온 이야기가 아니고 과학적 사실에 의하여 증명된 것이다.

그러므로 당신은 우선 당신 자신이 되어야 한다.

당신은 이 세상에서 새로운 그 무엇이다. 당신은 그것을 기뻐하고 조물주가 당신에게 부여한 그것을 가장 적절하고 유효하게 이용해야 한다. 결국에 있어서 모든 예술은 '자서전'으로 이루어진 것이다.

당신은 오직 그대로를 노래하고 그대로를 그릴 수 있을 뿐이다. 당신은 당신의 경험과 당신의 환경과 당신의 유전이 만들어 놓은 당신이 되지 않으면 안 된다.

좋거나 나쁘거나 당신은 당신 자신의 조그마한 정원을 가꿔야 할 것이며, 좋든 싫든 당신은 인생이라는 오케스트라에서 당신 자신의 작은 악기를 연주해야 할 것이다.

에머슨은 '자립'이라는 그의 평론에서 이렇게 말하고 있다.

"모든 사람의 교육에 있어서 반드시 다음과 같은 신념에 도달하는 때가 있다. 즉 질투는 무지의 소치이며, 모방은 자살 행위이다. 그러므로 좋든 싫든 자기 자리에 자기 자신을 앉혀야 한다는 것과 아무리 넓은 우주 사이에 좋은 것이 가득 차 있더라도 자기에게 경작하라고 내어 준 땅 위에 자기의 노력을 제공하지 않고서는 기름진 곡식 한 톨도 자기에게 돌아오지 않는다는 신념이다. 자기에게 부여된 힘은 자연에 있어서 전혀 새로운 것이다. 따라서 자기가 할 수 있는 것을 아는 사람은 자기 자신 이외에 아무도 없는 것이다. 또한 자기가 실제로 해보기 전에는 그것이 무엇인가를 알 수 없는 것이다."

이것이 에머슨의 말이다. 시인 더글러스는 이렇게 표현했다.

언덕 위에 소나무가 되지 못하거든
산골짜기의 차디찬 나무가 되어라, 그러나
시냇가의 키 작은 아름다운 나무가 되어라.

나무가 되지 못하거든, 넝쿨이 되어라.
그대 만일 넝쿨이 될 수 없거들랑
한 주먹 작은 풀이 되어 큰 길을 아름답게 할지어다.

송어가 못 되거든 농어가 되어라
호수에서 펄펄 뛰는 농어가 되어라

모두가 선장이 못 되거든
선원이 되어라
그대들은 이곳에서 제각기 할 일이 있나니
어떤 것은 큰일이요, 어떤 것은 작은 일이로되
그대들이 해야 할 과업은 가까운 곳에 있느니라.

큰 길이 되지 못하거든 작은 길이 되어라
태양이 못 되거든 별이 되어라
그대의 성공과 실패는 크고 작은 데 있는 것이 아니니
그대의 생긴 대로 최선을 다하라!

남을 모방하지 말아야 한다. 자기 자신을 발견하고 자기 자신이
되어야 한다.